社会主义核心价值观校园读本 小学彩绘本

阳光路上的金小羊

YANGGUANG LU SHANG DE JIN XIAOYANG

广东省文明办　主编

南方日报出版社
NANFANG DAILY PRESS
中国·广州

图书在版编目（CIP）数据

社会主义核心价值观校园读本 ： 阳光路上的金小羊·小学彩绘本 / 广东省文明办主编．—广州 ： 南方日报出版社，2014.8
ISBN 978-7-5491-1137-4

Ⅰ．①社… Ⅱ．①广… Ⅲ．①社会主义建设—价值论—中国—少儿读物 Ⅳ．① D616-49

中国版本图书馆 CIP 数据核字（2014）第 174330 号

社会主义核心价值观校园读本（小学彩绘本）

阳光路上的金小羊　　广东省文明办　主编

出 版 人： 周洪威
责任编辑： 方　明　阮清钰
出版发行： 南方日报出版社
地　　址： 广州市广州大道中 289 号
电　　话： （020）83000502
经　　销： 全国新华书店
印　　刷： 广州汉鼎印务有限公司
开　　本： 787 mm×1092 mm　1/32
印　　张： 4
字　　数： 90 千字
版　　次： 2014 年 8 月第 2 版
印　　次： 2014 年 8 月第 3 次印刷
定　　价： 20.00 元

投稿热线：（020）83000503　读者热线：（020）83000502
网址：http://www.nfdailypress.com/
发现印装质量问题，影响阅读，请与承印厂联系调换

致同学们

亲爱的同学们：

欢迎你们翻开这本充溢“阳光味道”的故事书，与金小羊等可亲可爱的卡通人物交朋友，共同感受他们不一样的童年经历！

今年六一前夕，习近平爷爷曾语重心长地勉励全国各族少年儿童，要把社会主义核心价值观的基本内容熟记熟背，融化在心灵里，铭刻在脑子中，结合学习和生活等实践不断加深理解。要学习英雄人物、先进人物、美好事物，在学习中养成好的思想品德追求。要从自己做起、从身边做起、从小事做起，一点一滴积累，养成好思想、好品德。要听得进意见，受得了批评，在知错就改、越改越好的氛围中健康成长。

什么是社会主义核心价值观呢？“富强、民主、文明、和谐，自由、平等、公正、法治，爱国、敬业、诚信、友善”，这 12 个关键词就是社会主义核心价值观的概括。它体现了我国古圣先贤的思想，体现了仁人志士的夙愿，体现了革命先烈的理想，也寄托着各族人民对美好生活的向往。

同学们，你们是祖国的未来、民族的希望，现在正是形成正确的世界观、人生观、价值观，成为有高尚道德情操、有责任心、有正义感、有奉献精神的社会主义建设者和接班人的大好时机，自觉用社会主义核心价值观教育和引导自己，帮助自己坚定理想信念、增强爱国情感、树立远大志向、养成文明习惯，才能成为社会主义事业优秀的接班人。

也许有同学要问：“我们怎样才能更快、更好地学习和掌握社会主义核心价值观呢？”你们手中的这本《阳光路上的金小羊（小学彩绘本）》就是专门为你们量身定做的“学习宝典”。书中活泼可爱的小伙伴、有趣的故事内容、精美的彩色插图、形式多样的互动栏目……这些都能寓教于乐，让你们在快乐阅读中理解和掌握社会主义核心价值观的内涵，并做到学以致用。

最后，我们衷心祝愿，每一位同学都能有快乐的阅读时光，都能像书中的金小羊一样走在阳光路上，茁壮成长为更加“可爱、可信、可贵、可为”的人！

编　者

2014 年 7 月

目录

社会主义核心价值观

富强	民主	文明	和谐
自由	平等	公正	法治
爱国	敬业	诚信	友善

第一集　和平村的历史

故事看台

在和平村里，生活着羊族、马族、牛族、鸡族和狗族等善良的村民。曾经，村子里由于常年遭受天灾，他们生活艰苦，穷困潦倒，许多人只能背井离乡，外出谋求生计。后来，狼族又入侵了这个村子，他们无恶不作，村民们的生活更是处于水深火热之中……

很多年以后，已经身为和平村村长的金小羊仍然清晰记得那天下午的阳光。在茂密的榕荫下，他的小伙伴们——木小马、水小牛、火小鸡、土小狗等围坐一圈，听村里的羊胡子爷爷讲故事。而迟到的他却被咩咩老师罚站在外圈，独自享受下午的阳光和青草地扬起的诱人气息。

“狼狼恶狗（long long ago）——”羊胡子爷爷

富强名言

少年智则国智，少年富则国富，少年强则国强。

——梁启超

的话音未落，就被咩咩老师止住了。“胡子爷爷，您还是用大众语吧，其他族的小朋友都听不懂‘羊语’的。”

羊胡子爷爷顿了顿，环顾了一下孩子们，就用那带着羊腔的大众语说:“很久很久以前……”小伙伴们一听都乐了，可是在咩咩老师严厉的目光扫射下，只好憋住笑。很快地，他们都被那故事深深地吸引住了，包括在外围“站岗”的金小羊。

富强名言

为中华之崛起而读书。

——周恩来

那是关于和平村的由来，是他们的父母都未曾讲过的故事——

从前，百兽山下的美丽平原生活着羊族、马族、牛族、鸡族和狗族等众多族群，他们聚落而居，各自辛勤劳作，繁衍生息。而羊族依靠羊毛和奶制品，开辟了一条“羊毛之路”，成为本地的富族。“也就是现在你们说的‘土豪’。”羊胡子爷爷补了一句，引来一阵哄笑。

可惜好景不长，有一年气候骤变，连着几个月的干旱，造成庄稼歉收；接下去又是几个月的霜冻，让病疫横生。各个族群都陷入了无尽的苦痛中……

“啊，太可怜了！”小伙伴

富强名言

鼓励一部分地区、一部分人先富起来，也正是为了带动越来越多的先富裕起来，达到共同富裕的目的。——邓小平们叽叽喳喳地窃窃私语起来。

羊胡子爷爷摘下老花眼镜，眼角有些湿润，他继续说："雪上加霜的是，循着'羊毛之路'闻风而来的是强悍的西方狼族。在一个黄昏，以八匹狼为首的狼族，踏入美丽平原，个个钩爪锯牙，为害四方，一时鸡飞狗跳，惨不忍睹。最苦的是牛马两族，被长期征用做免费劳力，苦不堪言。覆巢之下，焉有完卵？即便是当时富有的羊族也难以幸免，他们成了八匹狼眼中的肥餐，从此美丽平原成了噩梦般的存在……"

"呜呜……太可怕了。"金小羊的妹妹——金美羊和她的好朋友喵咪咪吓得抱在了一起。"难道他们不会反抗吗？"金小羊忍不住问道。

"有些族群试图反抗，但都各自为战，轻而易举就被镇压了。经历了一段时间的沉寂之后，群狼也放松了警惕。暗地里却有一股力量在集结。那就是由五大羊联合领导的力量。这五大羊就是我们和平村的'建村五老'，以太平羊为首。他们从'羊毛之路'出发，向西、向东、向南、向北，四处闯

富强名言

各出所学，各尽所知，使国家富强不受外辱，足以自立于地球之上。

——詹天佑

荡，去找寻治狼之道、防狼之术。出外游历之后，视野开阔的五大羊悄悄潜回，在百兽山聚议之后，他们觉得必须联合起来才能拥有和狼族对抗的力量。于是，大西羊联合了西部马族，印度羊说服了东部鸡族，紧接着牛族、狗族也加进来了。他们蕴蓄着反抗的力量，等待着起义的时机。

“在那个寒冷的冬夜，当群狼欢庆新年，醉眼迷离之时，百兽山上传来了火光，这暗夜的星火照亮了各族的心膛。太平羊率先冲向狼群，而后来自东西南北的族群也纷纷举起了抗争的火把。

富强名言

为了中华民族的繁荣富强，我要献出全部学识智慧。

——钱伟长

只见马儿当先，火牛成阵，狗声助阵。火光冲天中，狼族惊慌失措，溃不成军，狼狈退出了美丽平原。”

羊胡子爷爷说着，声调也高昂起来。“好！”孩子们听了都不禁鼓掌雀跃，金小羊也觉得热血沸腾。

“从此以后，五族联合共建的和平村成立了。当然，和平村名字的由来还有点意思。原本有人提议叫‘太平村’，却被太平羊当场否决了。他说，这来之不易的胜利不是他个人的功劳，而是团结努力的结果。以前羊族很富，但富而不强，难以独善其身。现在大家联合起来了，一定能走向富强。于是，博学多智的土狗军师马上提议改一个字，叫‘和平村’。大伙儿拍手叫好。

“太平羊说到做到。他先按照各族的特点，大刀阔斧地划定了和平村的新格局：鸡族住在东边，一旦太阳初升，就叫醒大家劳作；狗族在南部，主要负责昼夜巡守的安保工作，等等。与此同时，全村集思广益，各扬所长，让各族发展特色产业：牛族主要负责耕作，开垦荒地；马族主抓运输，促进羊

富强名言

国家之富强，全在于国民。国民之发展，全在于教育，教育是立国之本。——陈嘉庚

毛的大量出口……很快地，和平村由小变大，由穷变富，由弱变强，成了远近闻名的富裕村。”

说到这里，羊胡子爷爷停了停，神秘地说：“孩子们，和平村为什么能迅速强大起来，你们知道吗？这里头有个秘密的。”这下大家都竖起了耳朵。“有人说，那是因为百兽山下潜藏着许多宝贝，所以这里的草长得比别处绿，水也比别处甘甜……虽然活了一大把年纪，我至今也没遇到，但我相信，在这片土地上，一定有许许多多有价值的宝贝，要有心人才能寻到。我希望你们在成长的过程中，慢慢寻找……”

金小羊听着，不觉陷入了沉思，这世间难道还有许多比钱更有价值的宝贝，我一定要找到它们……他暗暗下了决心。于是他那神奇的寻宝之路就从此开始了。

七嘴八舌

喵咪咪：不缺吃不缺穿就是富强。

土小狗：人民富裕，国家就强大。

金美羊：富强是大人们的事，我们小孩无能为力。

关于富强，你是怎么理解的呢？

富强名言

没有工业，便没有巩固的国防，便没有人民的福利，便没有国家富强。——毛泽东

咩咩课堂

富强即国富民强，是社会主义现代化国家经济建设的结果，是中华民族梦寐以求的美好夙愿，也是国家繁荣昌盛、人民幸福安康的物质基础。只有团结人民、前赴后继、顽强奋斗，才能把贫穷落后的旧中国变成日益繁荣富强的新中国，才能实现中华民族的伟大复兴。作为一名小学生，只有努力学习科学文化知识，打好基础，增长本领，才能为国家富强做出更大的贡献。

思考探究

一、故事擂台

你知道哪些革命烈士或英雄人物的故事呢？请挑选一个让你最受感动的故事讲给身边的人听吧。

富强名言

农不重师，则农必破产；工不重师，则工必粗陋；国民不重师，则国必不能富强。——陶行知

二、搜集整理

你学过哪些革命诗歌呢？请你想一想，把诗歌中最精彩的诗句写下来吧。

三、动动脑，动动手

我们应该怎样珍惜来之不易的幸福生活？在建设繁荣富强的祖国的过程中应怎样努力呢？请你描绘一下现在的美好生活，并画下来或者制作成一份手抄报。

富强名言

欲讲富强以刷国耻，则莫要于储才。

——谭嗣同

第二集 父子竞选

故事看台

这天，和平村里发生了两件大事，一是和平村小学四年级要选举班长了，二是村长要换届选举了。金大羊、调皮的金小羊都准备参与竞选。在这过程中，会发生些什么呢？

三月的春风为和平村穿上了斑斓彩衣，一派繁花似锦。在春光明媚中，和平村小学四年级新一届班长选举开始了，而和平村三年一次的村长选举也在同天进行。

金小羊虽然每次竞选都参加，却总因在校表现不佳而落选。他的哥们儿土小狗常笑话他："你的羊毛都没长齐，还想当班长，没门儿！"尽管如此，

民主名言

在民主基础上的集中，在集中指导下的民主。

——毛泽东

也没能打消金小羊参与的热情。

班会课上，咩咩老师说道："同学们，这是我们新学期的班长选举，大家都是候选人，先提名或自荐，再请候选人发表竞选演讲，最后由全班同学投票，得票数最多的同学就当选新任班长。"

"我！我！我！"木小马第一个站起来。

"我提名自己……"这是火小鸡的声音。

"让我来！"踊跃的金小羊大喊一声。

金小羊开始打量起自己的竞选对手。木小马，上学期的班长，一天到晚都在帮同学解决困难；火小鸡，她胆子虽小，可学习成绩全班第一，是"学

民主名言

在人民内部，不可以没有自由，也不可以没有纪律；不可以没有民主，也不可以没有集中。——毛泽东

习标兵”。这样一比，金小羊觉得自己除了鬼点子多，头上有两根让人羡慕的犄角外，再也找不出什么优点了……

“成绩差的大懒鬼也来凑热闹?！如果金小羊能当选班长，那就是太阳从西边出来了！”不知是谁心直口快，说出的话加剧了金小羊心中的不安：我还参加竞选吗?

此时，咩咩老师再次说话了：“现在和平村到处都在实行民主，我们学校也不例外。民主选举班长，学习成绩不是最重要的，主要是看大家的综合素质，所以人人都有资格参与。”

听到这话，金小羊总算打消了疑虑，同时又有几位同学自告奋勇参加竞选。

到了上台演讲环节，木小马一个箭步跳上讲台，神气地刷了刷脖上的毛，说：“同学们，快为我投出一票，我会马不停蹄地为大家服务，绝不会溜须拍马……”

轮到火小鸡上台：“我当了班长后，会带领同

民主名言

民主集中制是我们政治生活中的基本原则。

——周恩来

学们闻鸡起舞争取先进，绝对不会乱把鸡毛当令箭，就算是鸡毛蒜皮的事也能处理好……”

看来火小鸡是有备而来，一上台就妙语连珠。

“说得真好！”“就选她吧！”同学们激动不已。

看火小鸡讲得那么好，金小羊开始在桌子前磨磨蹭蹭，想要打退堂鼓了。

“金小羊，轮到你了。”咩咩老师催促金小羊了。

“上去讲一个吧！”土小狗“咚咚”地敲着桌子，“金小羊！你怕了吗？”

好朋友土小狗的这句话刺激了金小羊，他起身走到讲台旁，嘴唇却抖动了很久才开腔：“我是金小羊，我当了班长后，一人做事一人当，不让别人做我的替罪羊。犯了错，亡羊补牢也不算迟，对吧。还有，我也不随便贪什么小便宜，不做羊毛出在羊身上的事……”

“哈哈……”听到金小羊自我批评式的演讲，同学们炸开了锅。

民主名言

我们进行了二十八年的新民主主义革命，推翻封建主义的反动统治和封建土地所有制，是成功的，彻底的。

——邓小平

“请大家安静。本次班长竞选，金小羊很有勇气。不过，当班长是要为大家服务的，不只是改改自己的毛病。”咩咩老师肯定了金小羊的表现。

唱票过程让每一位候选人都心弦紧绷。结果终于出来了，火小鸡 18 票，木小马以 15 票屈居第二。出人意料的是，金小羊竟获得了 8 票，既战胜

中国的出路是“民主”和“科学”四个字。

——胡耀邦

民主名言

了其他候选人，也战胜了他自己。原来，这个得票数比他去年好了很多。

木小马眼见输掉竞选，刚才的神气没有了。可是金小羊却输得开心，因为有更多人看到了他今年的进步。金小羊暗下决心：明年还要再接再厉！

最后，少数服从多数，咩咩老师宣布火小鸡当选为新班长。

放学路上，金小羊和小伙伴们正好遇上了如火如荼进行中的村长选举。上届村长、火小鸡的爸爸火大鸡刚做完演讲，就见金大羊走上了讲台。“爸爸加油！”金小羊暗自为爸爸鼓劲。

金大羊从自己的从商经历、发家致富说起，然后说到要在上届村长火大鸡的政绩基础上，继续带领大家建设更加美好的和平村，最后把他的工作目标向大家做了交代。他的一番话赢得村民阵阵掌声。

最终唱票结果一边倒，金大羊以最高票数胜出。

“有钱就是好办事！”有人在下面窃窃私语。

“可人家确实生意做得好，演讲也讲得好，还

民主名言

科学与民主，是人类社会进步之两大主要动力。

——陈独秀

说要带领大家一起发家致富……”

“下面有请金大羊先生发表当选感言。”主持人的话打断了人们的议论。

“在这里，我要感谢村里的民主制度，感谢大家对我金大羊的信任。今天这个选举结果让我很受鼓舞，很多人选了我，说明村民们也对美好生活有更高的追求。请大家放心，我不会辜负你们对我的信任。今后，我会进一步丰富村里的民主形式，认真执行民主选举、民主决策、民主管理和民主监督，让和平村实现全面民主！”

民主名言

民主制度，天下之公理。

——梁启超

金小羊被爸爸的风范迷住了，也为村里的民主氛围感到自豪。人人参与，共同决策，全心全意为大家办实事，金小羊深切感受到了民主的好处。

七嘴八舌

金小羊：民主就是自由，爱干什么都行。

火小鸡：民主就是少数服从多数。

喵咪咪：民主就是自己的事自己做主。

关于民主，你是怎么想的呢？

咩咩课堂

社会主义民主的实质和核心是人民当家作主。在社会主义制度下，人民是国家的主人，国家的一切权力属于人民。人民有权管理国家事务，监督国家机关及其工作人员，依法享有人身、言论、通信、出版、集会、结社、游行、示威、宗教信仰等自由，在法律面前一律平等。民主不能完全等同于自由，不是爱干什么就干什么，民主是在法律范围内的民主。民主也不能简单归结为形式上的少数服从多数，而是建立一整套民主选举、民主决策、民主管理、民主监督机制，防止个人专断、“一言堂”。

民主名言

国家之主人为谁？即一国之民是也。

——梁启超

思考探究

一、想想说说

你经历过哪些体现民主的事情呢？为什么你感觉到了民主？请仔细说一说。

二、搜集整理

请你搜集一些有关民主的宣传画或摄影作品，张贴在下面的方框里。

三、朗诵擂台

除了本书中列举的一些有关民主的名言，你还知道哪些

民主名言

在民主的国家里，法律就是国王；在专制的国家里，国王就是法律。——马克思

呢？请你写下来，并大声地读一读，看谁写得多读得好。

四、动动手

你的家里充分实现了民主吗？请你想一想，动手设计一份以《家庭民主生活报》为名的手抄报吧。

民主名言

权利，就它的本性而言，只在于使用同一尺度。

——马克思

第三集　建设文明村

故事看台

新官上任三把火。金大羊当上了村长，以前的一些想法终于可以付诸实践了。他首先发动全村上下紧锣密鼓地建设文明村。以金小羊为代表的小伙伴们，也在积极配合，但他们能做些什么呢？

金小羊蹦蹦跳跳地走在上学路上，突然发现新任班长火小鸡正把一张海报贴到校门口，木小马、水小牛、土小狗他们都围在外面议论纷纷。

火小鸡伸长脖子招呼同学：“同学们快来看海报呀，要建设文明新村了，我们都要尽一份力哟。”

土小狗看完后，摇头摆尾走出来：“和平村文明小卫士评选活动，哎，这个活动与我无关。”

文明名言

弘奖学术启文明，栽桃种李最多情。

——蔡元培

金小羊："土小狗，又有什么活动了？"

土小狗："和平村文明小卫士评选活动。"

金小羊："太好了，我得好好看一下。"

原来，金小羊的爸爸金大羊当上村长后，发现村民虽然过上了富足生活，精神文化却有些贫乏，拜金思潮、享乐主义、个人主义的出现导致社会风气恶化，比如羊小肚这样的小混混，天天不是乱喝酒，就是搞恶作剧。

金小羊看出了爸爸的担忧，心想要是这样发展下去，和平村不就倒退回以前的状况了？怎么办才好呢？

金大羊左思右想后，在村民大会上提出了建设"文明新村"的方案，得到了大多数村民的赞同。为

文明名言

青年之文明，奋斗之文明也，与境遇奋斗，与时代奋斗，与经验奋斗。

——李大钊

了配合该方案，村小学开展了“和平村文明小卫士评选活动”，根据同学们的自觉表现，由大家共同选出心中最文明的小卫士。

金小羊挤进人群看了看海报上的内容：

1. 爱护公共财物，禁止破坏诸如雕塑、广告牌、垃圾桶等；

2. 爱护公共卫生，保持公园、绿地、广场、街道整洁卫生，不乱贴乱画，不随地吐痰，不乱扔垃圾；

3. 文明礼貌交往，不吵架、不斗殴、不说脏话，友善对待外来人员，耐心回答陌生人的问路；

4. 遵守交通规则，不乱穿马路、不闯红灯；

5. 遵守公共秩序，在交通站点排队候车，为有需要者主动让座；

6. 勤俭节约，不浪费一滴水一页纸；

…………

“土小狗，这可是个出名的好机会呀。”金小羊想着法劝说土小狗，“如果我们评上和平村文明小卫士，到时电视、报纸都会报道我们，那多神气呀，

文明名言

学校者，文明进化之泉源也。

——孙中山

比当班长还威风呢。”

“那就干吧！”土小狗一想到自己能上电视、登报纸，就心驰神往起来了。

从这天起，金小羊和土小狗严格规范起自己的言行。比如，金小羊总是热情地回答路人的问话，不再满脸不耐烦了；土小狗在公车上也主动为老人家让座了。

眼见“文明新村”宣传做得好，村民们相互监督，都改掉了不少坏毛病。几周过去，金小羊和土小狗再难在公共场所看到以前那么多的不文明现象了。

“看来，和平村文明小卫士不容易做。大家都这么文明，文明小卫士哪还轮得到我们啊。”土小

文明名言

人无礼则不生，事无礼则不成，国家无礼则不宁。

——荀子

狗开始动摇了。

这时，交通灯红灯已亮，木小马和水小牛相互追打着从马路另一边跑了过来。

“你们两个给我站住，你们违反了第4条文明规定，我们要告诉咩咩老师！”土小狗叫住了木小马和水小牛。

“你们这样既不文明，还可能造成交通事故。”金小羊好心说道。

木小马说：“哎哟，金小羊，咱们都是同学，求你们了，别告诉老师。”

水小牛说：“是呀，土小狗，我们可不是故意的呀。”

木小马和水小牛跟金小羊、土小狗套近乎，说了一堆好话。

眼看不管用，水小牛生气地把尾巴一甩：“羊小子、狗腿子，你们不要欺人太甚，说我们闯红灯，有什么证据呀？”

“你这个笨牛头，也不想想，今天的事，我金小羊看见了，他土小狗也看见了，这就是最好的证

文明名言

一个人最伤心的事情无过于良心的死灭。

——郭沫若

据。”金小羊说道。

“是呀，你们一个是笨牛头，一个是马屁精，今天做出不文明的行为，还想溜！”土小狗坚持道。

突然，木小马哈哈大笑起来：“嘿嘿，你们别吵了，我们都违反第3条规定了，大家都在公共场所吵架，我也要去告诉咩咩老师。”

“这……”金小羊和土小狗转头望着彼此，然后都低下了头。

“怎么样，你们还想举报我们吗？”木小

文明名言

不学礼，无以立。

——孔子

马说，“如果我们被举报了，我们也可以举报你们在公共场所和我们吵架，这样你们就别想当文明小卫士了，嘿嘿……”

“真是搬起石头砸自己的脚，活该。”刚才还担惊受怕的水小牛，态度来了个180度的大转变，反过来嘲笑金小羊和土小狗。

木小马和水小牛优哉游哉地走了，留下金小羊和土小狗在那面面相觑，不知如何是好。举报木小马和水小牛闯红灯，虽然是在主动制止不文明行为，但是，如果被木小马和水小牛报复，反过来举报大家在公共场所吵架，那要当选文明小卫士就没戏了……

土小狗说：“别举报木小马和水小牛他们了吧，这样对大家都没有好处。”

“为了建设文明新村，我们不能容忍这种不文明行为，我还是要举报他们，我们自己吵架了，也该认罚。你不愿意，就不要掺和进来。”金小羊坚定地说，土小狗的脸突然红了。

文明名言

凡人之所以贵于禽兽者，以有礼也。

——《晏子春秋》

后来，金小羊和土小狗坚持原则，举报了木小马和水小牛的不文明行为，也坦陈了自己的不文明行为。咩咩老师了解真实情况后，依然称赞了他们监督大家、共创文明新村的举动。

七嘴八舌

木小马：文明，就是不要随地吐痰、扔垃圾。

火小鸡：有文化也是文明，所以要好好学习。

土小狗：坚守规则也是讲文明。

你觉得他们说得对吗？

咩咩课堂

从国家层面来讲，文明是指国家发展的状态，即国家创造的物质财富与精神财富的总和。文明是物质与文化的增长，以及由此产生的各种制度建设，最终推动人的全面发展。我们熟悉的物质文明、精神文明、政治文明、社会文明、生态文明，都包含于国家发展的状态之中。从社会层面来讲，文明是社会秩序的确立。从人的层面来讲，文明则是指人的教养和开化状态。文明不能简单理解为不要随地吐痰、扔垃圾，也不能将好好读书等同于文明，小朋友有文化有纪律，还需要有理想、有道德。

文明名言

勿以恶小而为之，勿以善小而不为。惟贤惟德，能服于人。

——刘备

思考探究

一、猜一猜

请同学们猜一猜，四大文明古国是指哪几个国家？它们分别在哪个洲？其中有什么规律？

二、选一选

下面关于文明礼仪的题你都知道吗？

1. “不学礼，无以立”的古训是（　　）提出的。

A. 孟子　　B. 荀子　　C. 孔子

2. 路遇他人应（　　）。

A. 靠右侧行走　　B. 主动侧身让路　　C. 快步行走

3. 客人来访时，我们要为客人打开房门。当房门向外开时（　　）。

A. 客人先进　　B. 我们先进　　C. 同时进门

文明名言

夫君子之行，静以修身，俭以养德，非淡泊无以明志，非宁静无以致远。——诸葛亮

4. 在正式的交际场合我们的仪表仪容要给人（　　）的感觉。

A. 随意、整齐、干净　　B. 漂亮、美观、时髦

C. 端庄、大方、美观

5. 向他人做介绍时，下列方法不正确的是（　　）

A. 先把男士介绍给女士　　B. 先把长辈介绍给晚辈

C. 先把晚到的客人介绍给先到的客人

6. 国际社会公认的“第一礼俗”是（　　）

A. 女士优先　　B. 尊重原则　　C. 宽容原则

三、自我评价

你有没有自觉遵守小学生礼仪呢？下列你能做到的事情请打“√”，做不到的请打“×”，并进行自我评价。

1. 吃饭时，对着餐桌咳嗽或打喷嚏。（　　）
2. 按学校规定穿校服。（　　）
3. 发现老师的错处，有礼貌地指出。（　　）
4. 课堂上发言先举手，回答问题先起立。（　　）
5. 不给同学取绰号。（　　）
6. 同学间相见互相问候、打招呼或点头。（　　）
7. 升旗时，脱帽肃立，行队礼。（　　）
8. 活动中吃零食，并在场内留下杂物。（　　）

（第二题答案：CBACBA）

文明名言

将不可骄，骄则失礼，失礼则人离，人离则众叛。

——诸葛亮

第四集 青草纠纷

故事看台

老实忠厚的水大牛居然为了一把青草跟小混混羊小肚打架,这事让金小羊很意外。和平村是否会因为青草纠纷影响安定团结的局面?青草纠纷的背后,究竟隐藏着什么样的生存危机呢?

这些日子，金小羊一直惦记着羊胡子爷爷所说的神秘宝贝。一个大晴天，他约上土小狗准备去南郊牧场看看。

“南郊牧场有什么好玩的?”土小狗疑惑了。

“找宝贝啊。那里的草长得很快，而且从不让人进去踩踏。宝贝很可能就藏在那儿。”金小羊头头是道地分析。

文明名言

善气迎人，亲如弟兄；恶气迎人，害于戈兵。

——管仲

两个小伙伴撒开脚丫就跑。跑到半路，忽然一阵喧吵传来。他们赶忙翻过山坡，只见南村头的大树下，聚拢了不少围观者，隐约能听到什么“受伤”“角断了”的议论。

“去看看吧。”土小狗的好奇心上来了。拗不过他，金小羊只好跟着跑去。

事情的经过很快弄明白了。原来是水小牛的爸爸水大牛和村里的

和谐名言

全世界一切被压迫人民和被压迫民族联合起来，一切爱好和平国家要联合起来。——毛泽东

小混混羊小肚为一把青草起了纠纷。羊小肚一肚子坏水，故意拿话激怒水大牛，冲动的水大牛没提防，羊小肚脚下一绊，水大牛一下子撞到了石头上。于是惨剧发生了……

水大牛家的情况大家都是知道的，他家的地本极为丰沃，不想这两年里突发状况，草籽播下去都难得见冒头，到了春天，别家地里一片葱绿，他家地里只有几株野草在风中摇曳……

金小羊看着石头上未干的血迹和那半只断角，

美的真谛应该是和谐。

——冰心

和谐名言

听着大家数落他那游手好闲的远房族叔羊小肚，心里很不是滋味。

“我家草地今年的收成也不好。往年能收四五十马车的。”木大马黯然道。“我家也是，勉强够过日子。”不少围观者附和。

看来，收成难不是个别现象。这是养尊处优的金小羊未曾想到的。“村长来了。”金小羊一转身就看到了他爸金大羊的身影。

金大羊没空理会他儿子，他匆匆赶来，一方面是为了向目击者了解情况，一方面是要安抚一下村民的情绪。见到整个现场气氛还算和谐，他总算舒了口气，心想幸好只是普通的纠纷，如果牛族里头有借机生事的，酿成大的族群冲突，后果不堪设想。村民纠纷无小事，和平团结一家亲。这是前任村长卸任前殷殷交代过的。

群众的情绪依然有些波动，金大羊少不得要宽慰一下才行，便站上石头说：“乡亲们，今天的事情，属于普通的村民纠纷，相信驼羊法官会秉公处

和谐名言

人类的希望像是一颗永恒的星，乌云掩不住它的光芒。特别是在今天，和平不是一个理想，一个梦，它是万人的愿望。

——巴金

理的。羊小肚虽是我的远房族弟，但如果有错，我绝对不会偏袒。我希望这件事不要影响咱们村的安定团结。你们刚才反映的收成难问题，我也已经注意到了。今年青草收成确实不同于往年。我刚才还在养草老专家牛老耕家里咨询他呢。”

这下围观者都竖起了耳朵听下文。金小羊心里赞叹，老爸讲话果然有水平，一下子就把大家的关注点转移了。

“牛老专家说了，这是一个全百兽山都担忧的问题。其他部落也有类似情况。据说，最大症结就是跟我们同住地球村的人类乱砍滥伐，造成工业污染。咱们和平村的土壤，也因此受到了影响，草质都没以前那么好了。”

大伙恍然大悟，担忧的神情却更浓了。金大羊接着说：“不过，别担心。现在人类已经警觉了，他们已在呼吁要与自然和谐共处。这里还有好消息告诉大家，牛老已发明了一种改良土壤的技术，他将无偿贡献给乡亲们使用。我想，只要大家团结一

和谐名言

各美其美，美人之美，美美与共，天下大同。

——费孝通

心，共渡难关，和平村的明天一定会越来越好的。”

掌声响起——不知道谁带的头。老树下一片和谐的情景，让金大羊颇为宽慰。金小羊的眼里写满了对爸爸的崇拜。金大羊下来之后，便叫住儿子，简单交代了几句话后，就离开了。

“爸爸去哪儿了？”待在家里饥肠辘辘的水小牛一天心情不定。突然“笃笃笃”一阵敲门声，他欣喜地冲过去开门，却发现不是爸爸，而是平日里不大来往的同学金小羊和土

和谐名言

真理才是生命之光，斗争才是和平之母。

——郭小川

小狗。

看着水小牛疑惑的眼神，金小羊大方地说："水小牛，你爸爸今天割草受伤了，不过没啥大碍，正在村东头的鸡啄米医院包扎伤口，很快就会回来了。我们先把草送过来给你。你肚子饿坏了吧。"看着一大捆青翠欲滴的草叶，水小牛的眼泪一下子就出来了。这是父亲受伤为他割的草，他轻轻咬了一口，慢慢咀嚼起来。这哪是青草啊，棵棵是父爱。金小羊在回家的路上心想，如果不是为了水小牛，老实忠厚的水大牛应该不会为了一把青草就大打出手吧。

包扎好伤口的水大牛很快回家了，他看到家里的一大捆青草，有些诧异。水小牛抬头看见爸爸，不由脱口而出："阿爸，你的角？"水大牛掩饰地说："是爸不小心弄掉的。"他不想让儿子知道打架的事情。"这草是哪里来的？"

"金小羊说是你让送回来的呀。爸，你不会摔糊涂了吧？"水小牛问道。水大牛迅速整理了一下思

和谐名言

世间最平和的快乐就是静观天地与人世慢慢地品味出它的和谐。

——三毛

绪，大概猜到了原委，肯定是村长让金小羊将自家田地的青草送来给他们救急的。刚才在鸡啄米医院那里，金大羊还慰问了自己一番呢。

想到这里，水大牛真是既感动又惭愧。

七嘴八舌

猫咪咪：不要狗拿耗子，多管闲事，这就是和谐。

水小牛：和谐就是对别人要容忍，不要与人发生冲突。

金美羊：我觉得现在已经很和谐了。

你是怎么理解和谐的呢？

咩咩课堂

和谐是中国传统文化的基本理念，集中体现了学有所教、劳有所得、病有所医、老有所养、住有所居的生动局面。它是社会主义现代化国家在社会建设领域的价值诉求，是经济社会和谐稳定、持续健康发展的重要保证。社会主义和谐社会是人类孜孜以求的一种美好社会，它的主要内容包括“民主法治、公平正义、诚信友爱、充满活力、安定有序、人与自然和谐相处”。和谐不仅要做好自己，还要影响别人去维护社会和谐稳定。和谐并不是盲目容忍别人的过失，每个公民对于破坏和谐的坏人坏事，都有义务进行举报和打击。

和谐名言

君子和而不同，小人同而不和。

——孔子

思考探究

一、添砖加瓦

现在人人都为和谐社会添砖加瓦，请你想一想、说一说，小学生能为和谐社会做些什么？

1. 在学校：

2. 在社会：

3. 在家里：

和谐名言

得道多助，失道寡助。

——《孟子·公孙丑下》

二、小小监督员

下列哪些行为体现了“人与自然和谐相处”，请把序号填在括号里，并说明你的理由。

①偷排工业废水　　②不买过度包装的商品

③建立自然保护区　　④对森林乱砍滥伐

⑤不吃野生动物

属于人与自然和谐相处的范围的是：（　　）

我的理由是：

____

____

三、画一画

请同学们展开想象的翅膀，在下面的方框中，画一个和谐王国。和谐的王国里有什么呢？对了，有美丽的学校、美丽的田野、现代的医院、安静的养老院、高大的楼房等。

和谐名言

对和谐之美的追求是人类的本能。

——马克思

第五集　我要的自由

故事看台

咩咩老师要来金小羊家家访了。虽然金小羊从小反感老师向家长打小报告，对他进行“混合双打”，限制了他很多自由，可是这次，对于咩咩老师的来访，他却抱有相当的期待。这到底是为什么呢？金小羊能得到他想要的自由吗？

“同学们，今天我们来学习一首短诗——《自由》。哪位同学朗诵一下？”咩咩老师扫视了全班一眼，发现一只只小手齐刷刷举得老高，颇为欣慰。让她意外的是，平时懒散的金小羊居然主动站了起来，一副当仁不让的样子。

“青草诚可贵，羊毛更须珍。若无自由在，二

自由名言

人类的历史，就是一个不断地从必然王国向自由王国发展的历史。

——毛泽东

者皆浮云。”金小羊读完之后，说道：“这是建村村长太平羊写的，他是我爷爷的八叔公的大伯……”

小伙伴们听到这七拐八绕的亲戚关系都乐了。咩咩老师严肃的脸上也浮现出一丝笑意。

“据说，太平羊村长当年看到和平村被八匹狼占领，各族饱受奴役，没有自由，便心有所感，写下了这首诗，通过与青草、羊毛的对比，让大家更加明白自由的珍贵。这是我从羊胡子爷爷那边听来的。”其实，金小羊是没找到宝贝，又去缠着羊胡子爷爷问了几次，虽然毫无所获，却“挖”到不少这样的故事。

自由名言

囊括大典，网罗众家；思想自由，兼容并包。

——蔡元培

“我很喜欢这首诗，它写出了我的心声。”金小羊接着说。这下连咩咩老师都好奇了。“我现在也失去了自由。虽然每天有青草吃，身上的羊毛也高端大气上档次，可是没了自由，神马都是浮云。”金小羊悲戚的话里夹杂着流行怪语，咩咩老师虽然不太明白，但还是抓住了中心思想：“你怎么没有自由了？”

嗫嚅了一阵，金小羊突然鼓起勇气说：“咩咩老师，这次期中考试，我不是考得不太好嘛，一回家，我爸就跟我宣布了三条新家规：放学必须马上回家；晚上不许看动画片、玩电子游戏；周末不得出去玩耍。这不是限制我的自由吗？”

看着金小羊理直气壮的样子，咩咩老师心想：你考得不是不太好，是太不好了吧，金同学。能把“对牛弹琴”写成“对猪弹琴”，“狗急跳墙”写成“羊急跳墙”，难怪你那村长老爸要采取高压政策。不过她还是耐心地说：“你现在还未成年，家长作为监护者管教你，也是为了你好。”

自由名言

要解放孩子的头脑、双手、脚、空间、时间，使他们充分得到自由的生活，从自由的生活中得到真正的教育。

——陶行知

“为了我好，就可以侵犯我的自由吗？我要自由！我要玩电子游戏、看动画片的自由，我要周末出去玩耍的自由……”金小羊的一番热血话语，引来了不少同学的附和。

咩咩老师知道今天如果不说服金小羊，其他孩子有可能有样学样，那就糟了。迅速整理了思路之后，她朗声说：“金小羊同学很有自己的想法，能够结合亲身经历，谈对自由的理解，这很好。老师虽然不认同他的一些观点，但是仍要支持他表达观点的自由。”这让金小羊有些愕然。

“不过金小羊的自由，跟诗里所说的自由是有区别的。一百年前老村长所追求的自由，是集体的自由，是要大家免除被狼族的剥削和压迫。而金小羊要求的是个体的自由。”

看着大家迷糊的样子，咩咩老师又说：“自由并不是爱干什么就干什么。就以刚才金小羊的发言来说，如果他不顾课堂纪律、未经允许就高谈阔论，虽然我们应该尊重他说话的自由，但是他却更大地

自由名言

人像树木一样，要使他们尽量长上去，不能勉强都长得一样高，应当是：立脚点上求平等，于出头处谋自由。

——陶行知

妨碍了大部分同学听课。是不是？”大家都点头称是。“而如果大家都同意让他发言，他也就获得了在教室里说话的自由。只有在集体中，个体才能获得全面发展的自由。”这下大家都比较理解了。

“当然，自由还有更深的含义，这里不展开了。刚才金小羊反映的情况，其实更多的是亲子间相互尊重的问题。今天晚上我会到金小羊家找他爸爸聊聊，让他多尊重孩子学习、生活的自由。”金小羊强忍着雀跃的冲动。他从来没有这么期盼过老师的家访。

但接下来咩咩老师的话却让他陷入了思考：

自由名言

自由固不是钱所能买到的，但能够为钱而卖掉。

——鲁迅

“反过来说，金小羊你不好好学习，成绩考差了，是不是也不尊重父母的心血呢?”

当晚，咩咩老师来到了金小羊家。金小羊在房间里做作业，却竖着耳朵听着客厅里的谈话。

金大羊首先自我批评，承认当村长后忽略了监督金小羊学习。咩咩老师见村长如此通情达理，便开门见山：“金小羊在最近几次课堂发言、讨论中，都很活跃，也比较有思考。我觉得他一直在进步，希望家长能和学校配合，共同帮助金小羊进步。”金大羊连连点头。

“但金小羊也反映，期中考试后，你们对他的生活、学习限制太多，让他没有自由。我也觉得，村长您有些做法，既缺少对孩子的尊重，也容易引发他的逆反心理。不知道……”

金大羊见老师这么批评他的家长制作风，脸都有些红了。“我以后会更注意教育孩子的方式方法。但是小羊现在最大的任务就是学习，我们只是想用一些规定让他把更多的时间用在学习上。

自由名言

贪安稳就没有自由，要自由就要经历些危险。只有这两条路。

——鲁迅

如果学习搞好了，他自己能支配的时间自然会越来越多，就能自由活动了。”

咩咩老师见金爸爸如此表态，知道对她的做法未必完全认同，便说：“村长放心吧，我相信金小羊很快就能赶上大部队了。我想，以后在他认真完

自由名言

天下无纯粹之自由，亦无纯粹之不自由。

——章炳麟

成作业的情况下，您可以和他约定，让他有一段时间放松。一张一弛，效果会更好的。”

金大羊很“官方”地笑笑，却不置可否，礼貌地送走了咩咩老师。

浓酽的夜色中，咩咩老师走着，心想，“羊家三大条”看来没法那么快废除了，金小羊，老师只能帮你到这儿了。

七嘴八舌

金小羊：自由就是爱干什么就干什么。

土小狗：自由就是全部人的自由。

喵咪咪：上课不能讲悄悄话就让人很不自由。

关于自由，你觉得他们说得对吗？

咩咩课堂

自由是指人的意志自由、存在和发展的自由，是人类社会的美好向往，也是马克思主义追求的社会价值目标。社会主义自由，就是要让人摆脱剥削、压迫和异化，实现人的自由、解放和发展，这是无产阶级和人类奋斗的价值理想和目标。自由并不是爱干什么就干什么，在法律规定的范围内，才有自由可言。如果有人犯了法，

自由名言

自由只存在于束缚之中，没有堤岸，哪来江河？

——金斯伯格

被剥夺政治权利终身，那么他就没有自由，所以说自由并不是全部人的自由。人的自由、解放和发展，是无限的自由；而在法律范围内的自由，是有限的自由。

思考探究

一、分一分

下面哪些成语是描写自由的，哪些是描写不自由的，请你给它们分类，并写到相应的圈圈里。

作茧自缚	龙归大海
无拘无束	自由自在
笼中之鸟	胡孙入袋
百花齐放，百家争鸣	海阔凭鱼跃，天空任鸟飞

自由的　　　　不自由的

二、小辩论

下面是正方和反方关于自由的辩论，你作为正方要开始反驳对方了，请写出你反驳的理由。

正方观点：自由是有法律限制的!

反方观点：自由是没有法律限制的!

自由名言

只余鸥鹭无拘管，北去南来自在飞。

——杨万里

我反驳的理由是：________________________________

____

三、勾一勾

在我国，公民享有哪些自由权利？请在下列选项中把它们勾选出来。

(　　　) 选举权和被选举权

(　　　) 发表言论

(　　　) 出版刊物

(　　　) 集会结社

(　　　) 游行示威

(　　　) 宗教信仰自由

(　　　) 人身自由

四、选一选

权利和义务是分不开的，请你判断以下事项是自由的权利还是应尽的义务，还是二者都是？把正确的选项填在括号里。

A. 权利　B. 义务　C. 既是权利也是义务　D.不能那样做

(　　　) 1. 成年儿女常回家看望年迈的父母。

(　　　) 2. 无事经常拨打“119”或“120”电话。

(　　　) 3. 自觉遵守交通规则，从不闯红灯。

(　　　) 4. 在公园游玩时爱护草坪、花卉、树木。

(　　　) 5. 保守国家秘密。

(　　　) 6. 受教育。

(　　　) 7. 参与劳动。

自由名言

一个人的绝对自由是疯狂，一个国家的绝对自由是混乱。

——罗曼·罗兰

第六集　金小羊流浪记

故事看台

爸爸像长颈鹿一样用长脖子做滑梯，温柔地放下金美羊，说声“玩吧”。接着马上像老鹰抓小鸡一样伸出大手，把金小羊钳送到书桌旁，再甩来一本作业本，说声“做吧”。金小羊发现，在学校“不平等”，在家里也“不平等”，怎么办?

一张新的座位安排表刚贴到黑板上，同学们就像蜜蜂一样马上围了个里三圈外三圈。

“咦，不错，我被调到前排去了。”土小狗心里美滋滋的。

“哎，什么也没变，还是在原地打转，木小马

平等名言

无产阶级平等要求的实际内容都是消灭阶级的要求。任何超出这个范围的平等要求，都必然要流于荒谬。
——恩格斯

成为旋转木马啦。”木小马一脸失望的样子。

金小羊也想钻进去看一眼，可是太多小朋友的屁股组成了厚厚的墙，无法穿越。

“土小狗，帮我看一下，我的新座位安排在哪里了？”金小羊只好求助土小狗。

土小狗歪着头看了很久，然后说：“金小羊，你倒大霉了，你的座位被调到后排去了，还是最靠近后门那一个呢。”

“哎，这不公平。”金小羊找班长火小鸡评理，“你说说，为什么要安排我坐在最后？”

“你的座位不是我安排的，是电脑随机安排的，要怪就怪电脑吧。” 火小鸡连忙给自己申辩。

“电脑不也是由人控制的吗？”金小羊反驳道。

“这个你要问咩咩老师了。”火小鸡把问题推给了老师。

这时，咩咩老师走进教室，扫视了全班同学一眼，然后说：“这个新座位表是电脑随机安排的，老师对个别学生做了特别调整。同学们有没

平等名言

公其心，万善出。

——方孝孺

有意见?”

全班一片寂静。金小羊原本想举手，可是发现没有其他同学反对，自己也不好与老师作对，他的手举到半空又缩了回来。

金小羊的举动被咩咩老师看见了，但是老师并

教师和学生，一切都是相互的平等的关系，用中国的老话来说，叫做“教学相长”。——徐特立

平等名言

没有再给他机会，就大声说："既然同学们都没有意见，就按新座位表搬吧。"

"咯吱咯吱"推桌子声、"哔啪哔啪"搬书声此起彼伏，全班换座位开始了。

金小羊心想，老师肯定是按分数做的"特别调整"，这样根本就不平等。他觉得老师在放弃他，班长也在嫌弃他，同学们也不喜欢他。

一连几天，金小羊的心情都糟糕透了。这天，他回到家里，趁金大羊在楼上书房里，便悄悄打开电脑，准备好好玩一下游戏。

"哥哥玩游戏，违反'三大羊规'了！"妹妹金美羊见了，马上大声嚷嚷，还想抢占电脑。

"一边去。"金小羊推了一把金美羊。

"呜呜，我要去告诉爸爸妈妈！"金美羊含泪直奔楼上爸爸的书房而去。

金大羊现在对这类事情绝对是从严处理。他像老鹰抓小鸡一样伸出大手，把金小羊钳送到书桌旁，再甩来一本作业本，说声"做吧"，又把金美

平等名言

不患寡而患不均，不患贫而患不安。

——《论语·季氏》

羊抱到电脑前，温柔地放下，说声“玩吧”。

“这不平等。”金小羊大叫道。

“平等？等你学习进步了再和我说平等吧！”金大羊努力保持着语气的平和。

金小羊心想：学校不公平，家里也不公平。我的一举一动都被爸爸监督着，没有什么业余兴趣爱好可言，连以前最喜欢玩的电脑游戏也成了难以享受的“奢侈品”。而妹妹金美羊，没有“三

平出于公，公出于道。

——《吕氏春秋》

平等名言

大羊规”压着，爱玩就玩，父母又向着她。同在一个家，可是自己和妹妹之间太不平等了。

当天晚上，金小羊想出了一条自认为能摆脱现状的“妙计”……

第二天早上，金小羊像往常一样背起书包出门。

“啊，我自由了，我要寻找平等去了！真快活！让该死的座位见鬼去吧，让‘三大羊规’破产吧。”金小羊远离了自己家，不向学校走去，而是向南郊牧场跑去。

金小羊躺在草地上，想着最近发生在自己身上的一幕幕，心里又不平静了。旁边一棵大树上，一只喜鹊妈妈正站在窝边欢唱。

忽然，金小羊跳了起来，找来一根长长的木棍，一下就把鸟窝捅了下来，几颗鸟蛋掉在地上摔碎了。鸟妈妈惊叫着飞走了。

没多久，又来了一只短尾小狗，金小羊捡起一块石头就扔过去。短尾小狗瘸着腿，嘴里“汪汪”

平等名言

公与平者，即国之基址也。

——何启

地叫着逃走了。

就这样，金小羊发泄着自己的怒气。眼看天色暗下来了，金小羊还是不愿回家去，爬上一棵大槐树的枝丫躲了起来。

夜里，远处时不时传来“嗷呜——嗷呜——”的狼嚎声，金小羊吓得直打哆嗦。突然，远处出现了一闪一闪的火光，还伴着“金小羊”的呼喊声，那是家人在找他了。金小羊鼓着腮帮子，扯了扯身上的衣服，想：“哼，我才不理他们！”不一会儿，金小羊就在远去的呼喊声中瑟瑟发抖地睡着了。

这个夜晚，对金大羊来说，同样焦头烂额。

先是咩咩老师打电话来投诉说，金小羊无故旷课一天；接着是喜鹊妈妈前来告状，叽叽喳喳申诉了大半天；喜鹊妈妈的事情还没有处理完，短尾小狗又“汪汪汪”地把村委会吵得鸡犬不宁，说着金小羊的“罪状”……

金大羊耐心听完他们的投诉，承诺找到金小羊

平等名言

理国要道，在于公平正直。

——吴兢

后，一定会认真劝导教育，给大家一个交代。可是，金小羊一整晚都没出现，让金大羊和家人都不敢停下寻找的脚步。

等到天刚蒙蒙亮，金小羊就被呼喊声吵醒了，原来家人来找他了。此时，金小羊把所有怨恨、所有关于不平等的想法都抛到了一边，溜下树丫，朝金大羊跑去。金大羊也是飞一般跑到金小羊面前，一把将他搂在怀里，涕泪交加的金小羊投进了父亲温暖的怀抱。

金大羊抚摸着金小羊的头，没有说太多的话，只是做出一个承诺：“金小羊，只要你能保证合理

平等名言

公者无私之谓也，平者无偏之谓也。

——何启

安排时间，劳逸结合，不耽误学习，适当玩玩游戏，也是可以的。”

金小羊抬起头望着爸爸，见爸爸又重重地点点头，马上破涕为笑了。

七嘴八舌

金小羊：平等，就是让所有人任何时候都受到同等待遇。

火小鸡：平等，就是无论男女都要承担同样的责任。

水小牛：没有绝对的平等。

你是怎么理解平等的呢？

咩咩课堂

平等指的是公民在法律面前的一律平等，其价值取向是不断实现实质平等。它要求尊重和保障人权，人人依法享有平等参与、平等发展的权利。人类永远没有能力让所有个人达到绝对平等，但社会主义中国已经让所有人过上不失尊严的生活。社会主义平等，就是不计较个人能力、个人产出、个人对社会总财富的贡献及效率，保证每一个人平等地享受物质生活和精神生活的水平和质量。所以说，平等是法律面前的人人平等，但是并非让所有人达到绝对的平等。

平等名言

正直者顺道而行，顺理而言，公平无私。

——韩婴

思考探究

一、说一说

请你用一句话说说对平等的理解，并写下来。

平等就是一碗水要端平！

平等就是＿＿＿＿＿＿＿＿＿＿＿＿＿＿＿＿＿＿

平等就是＿＿＿＿＿＿＿＿＿＿＿＿＿＿＿＿＿＿

平等就是＿＿＿＿＿＿＿＿＿＿＿＿＿＿＿＿＿＿

二、小小记录员

在学习和生活中，把你认为平等和不平等的现象记录下来，并且说说怎样做才能使不平等变得更平等一些。

平等的现象（例如：我和弟弟都有书可以读）：

＿＿＿＿＿＿＿＿＿＿＿＿＿＿＿＿＿＿＿＿＿＿＿＿

不平等的现象（例如：爸爸很偏爱弟弟）：

＿＿＿＿＿＿＿＿＿＿＿＿＿＿＿＿＿＿＿＿＿＿＿＿

怎么实现平等？

平等名言

人平不语，水平不流。

——释惟白

三、平等的世界

奥林匹克五环标志代表着平等的世界，请你说一说，哪种颜色代表哪个地方，并说一说人们怎样在比赛中保持平等。

蓝色代表（　　　　）；黑色代表（　　　　）；红色代表（　　　　）；黄色代表（　　　　）；绿色代表（　　　　）。

要想在比赛中保持平等，人们应该这样做：

平等名言

正直者顺道而行，顺理而言，公平无私。

——韩婴

第七集　公开审判

故事看台

前段时间的“青草纠纷案”终于要公开审判了。到底谁是谁非？和平村请来了留学归来的驼羊法官，对这一案子进行公开审判。金小羊目睹了驼羊法官的风采，也请他到自己家里来公正地断一断他的家务事……

由于上次的青草纠纷没有真正结案，两个当事人——羊小肚和水大牛都承受了巨大的压力。村民们认为他们打架，破坏了和平村的声誉，给村里抹了黑，所以处处为难他们、排斥他们。

“人言可畏呀，快点给我们一个公正的审判吧。”羊小肚和水大牛同时找到村长金大羊，要求尽快给他们一个公正的审判。

公正名言

一个人最伤心的事无过于良心的死灭，一个社会最伤心的现象无过于正义的沦亡。——郭沫若

“嗯，就在这个周末开审吧。那时，驼羊法官已经留学归来，让他给你们公正地审审。”金大羊翻开日历，心中有了谱。

到了公开审判那天，和平村的村民们纷纷涌进了村口的法庭，想看看青草纠纷到底会有个什么结果。

庭审要开始了。村长金大羊掷地有声地介绍道：“各位乡亲，今天，我们请来了和平村的留洋博士——驼羊法官给我们审理‘青草纠纷案’。驼羊法官在海外留学多年，专攻法学，博学多才，精通审

公正无私，一言而万民齐。

——《淮南子》

公正名言

理案件的流程，对和平村的情况又比较了解，一定能一碗水端平，使判决做到公平和正义。”

只见英气逼人的驼羊法官带着两个助手起立向大家鞠了一躬，说：“在走进这个审判现场之前，我就反复琢磨过这个案子，今天就给它画上一个圆满的句号吧。”

“传当事人羊小肚和水大牛！”驼羊法官一声令下，土小狗的爸爸就马上把两名当事人带到了法庭上。

“请你们进行法庭辩论。先请羊小肚介绍当天情况。”驼羊法官向羊小肚做出一个邀请的手势。

公正名言

公之为言，公正无私也。

——班固

“那天中午，我去南郊牧场想找点青草吃。好不容易找着了一捆，刚想扛回去，可不知水大牛从哪跳出来，拉住我不放，硬说那是他的草。所以我们就打起来了，他脚下一滑摔了一跤，刚好伤到了头。”羊小肚竭力回想那天发生的事，同时尽量轻描淡写，只说些有利于自己的供词。

“接下来，请水大牛进行陈述。”驼羊法官又向水大牛做了一个邀请的手势。

“那天，我家就快没青草吃了，手头又没有多少钱去买，所以我就去南郊牧场找青草。我找了很久才发现了一片又肥又嫩的青草，想着割一些回去给孩子吃。可是，我刚到旁边想多割一点，羊小肚就跳出来把我割好的那一捆抢走了。我跟他理论，想要回青草，他就把我重重地推倒在地，把头给撞破了，还断了半只角，他还想逃走，对我置之不理。您看，我头上的伤疤就是证据。”水大牛竭力回忆当天的情景。

“请坐下。双方的纠纷有两个主要焦点：第一，

公正名言

惟天至公，不视国之大小，而视事之是非。

——王先谦

那捆青草到底是谁的？第二，水大牛头上的伤，到底是羊小肚故意伤害的还是无意伤害的？”驼羊法官不愧是留洋博士，见多识广，一下子就抓住了案件的关键性问题。

“我们先对第一个焦点问题做出判断，那青草是谁的？能不能吃？”驼羊法官将目光投向了前来旁听的村民。

“属于水大牛的。”“属于村里的。”“不属于任何个人。”…… 旁听的村民们纷纷议论。

“咚咚”，驼羊法官拿着法槌，使劲敲了两下，然后展示了一张地图：“请大家安静。从地图上看，

公正名言

公天下之身，公天下之物，其惟圣人矣。

——《列子·杨朱》

南郊牧场属于和平村，属于全体村民共有，不属于羊小肚，也不属于水大牛。水大牛在那里割草，首先违反了草地保养的规定。羊小肚争抢青草，而不是阻止水大牛收割，也没履行好相关义务。所以，两人都有过失。”

“说得好！”“分析得有道理。”旁听的村民向驼羊法官投去敬佩的目光。

“接下来，我们再来对第二个焦点问题做出判断，水大牛的伤是不是故意伤害？”

“当然是羊小肚故意伤人的了。”“这还用说，水小牛的爸爸头上的伤疤就说明了一切。”旁听的村民在同情弱者的惯性思维下，都一边倒地支持水大牛。

“咚咚”，驼羊法官拿着法槌，又使劲敲了两下，然后说：“那片草地现在还在保养期，我回来的第二天，就到现场勘察过，这里还有我拍下的照片。通过情景再现的技术处理，我们可以得出结论，当时，确实是羊小肚出手过重，有意将水大牛推倒在地，属于故意伤害。”

“哎呀，还是本性难移！”“哎呀，这怎么下得

公正名言

公道达而私门塞，公义明而私事息。

——《荀子·君道》

了手。”旁听的村民纷纷指责起羊小肚来。

驼羊法官和陪审团商议了一会。最后，驼羊法官做出了判决：“本庭宣布，‘青草纠纷案’判决如下：水大牛和羊小肚不顾草地保养规定，收割青草，水大牛和羊小肚要分别种植5亩青草，保证以后不再偷割保养期的青草；羊小肚赔偿水大牛全部医疗费用和那捆青草的补偿金。双方要互相道歉、拥抱言和。另外，鉴于水大牛、羊小肚家庭相对困难，你们可到村委会申请困难补助，今后村里将指定家庭对你们进行帮扶，让你们尽快掌握一技之长，发家致富。本案到此审理完毕，大家解散。”

判决一出，全村道好。金小羊和小伙伴们听完了整个审判过程，十分佩服驼羊法官。

后来，金小羊又请驼羊法官到家里来断一断他的家务事。原来，他被严加看管，觉得失去了自由、平等。

驼羊法官经过一番分析，最后给金小羊家的“判决”如下：“金大羊对金小羊负有教育、监督

公正名言

至公者，天之经也，地之义也，理之要也，人之用也。

——曹羲

和保护责任，但是‘三大羊规’带有明显的家长制色彩，需要变通。建议金大羊或金小羊妈妈每天抽出一个小时来辅导金小羊学习，睡前再抽出半小时进行亲子交流，把当天的困惑一一进行沟通。家长跟学校、老师的联系要保持通畅，及时掌握动态，建立学校—家庭—社会有效联动的教育模式。”

判决一出，金小羊全家欣然接受。金大羊也感觉到自己在家里和村里，不知不觉犯上了专制的毛病，以后要改改才行。

七嘴八舌

金小羊：公正就是要一视同仁。

土小狗：公正是一种美德。

木小马：在人际交往中，公正要无处不在。

你赞同他们的观点吗？

咩咩课堂

公正即社会公平和正义，它以人的解放、人的自由平等权利的获得为前提，是国家、社会应然的根本价值理念。这里的公平不单是

公正名言

圣人治天下，公而已。

——魏裔介

指经济公平，而是广泛涉及社会生活的各个方面，具有多方面的含义。在社会学意义上，公平指的是社会成员之间的社会地位、经济收入、消费水平比较接近而不过分悬殊；在法学意义上，公平指的是权利与义务对称，人们的获得应该与他们所承担的责任以及所做出的贡献相一致；在伦理学意义上，公平指的是每个人都拥有平等的生存、发展的权利和机会。追求公平正义是实现社会和谐的前提，没有公平正义就没有和谐。我们通常说的“要一视同仁”“买卖要公平”“一碗水要端平”“孩子们同在蓝天下要享受同样的教育机会”“权力要在阳光下运行”等等，都涉及到在机会、权利和规则上的公平和正义。但是，它们不能代表社会主义公正的丰富内涵。

思考探究

一、说一说

有一些超市和菜市场里面，常常摆放着公平秤。请你说一说，这种公平秤有没有存在的必要，请写下你的观点和理由。

____

____

二、评一评

适龄儿童都有受教育的机会，有报道称广西14岁的男孩杨某某，独自一人靠吃野菜生活了6年，根本没有读书。后来，在爱心人士的捐助下，他才回到原来的学校读书。请你试

公正名言

以天下论者，必循天下之公。

——王夫之

着评一评，在杨某某身上是否体现了社会的公平和正义？

三、选一选

以下哪些行为能代表社会的公正？请在正确选项前面的括号里打钩。

（　　）1. 少数民族高考加分

（　　）2. 共同富裕政策

（　　）3. 创业就业税收优惠

（　　）4. 同工不同酬

（　　）5. 用人单位招工只招男不招女

四、小探究

在《农夫与蛇》这则寓言中，农夫救了蛇却被蛇咬死，这说明对恶人一视同仁的结果，只能害死自己。那对于这些恶人我们应该怎样处理，请说出你的看法。

公正名言

奉公如法则上下平，上下平则国强。

——《史记》

第八集　羊家变法

故事看台

村民们都深受驼羊法官的启发，金大羊也意识到了自己的一些问题必须尽快改正，比如专制、“一言堂”。这时金小羊提出了酝酿很久的变法方案，要变更羊家的议事规则。这得到了金小羊妈妈和金美羊的支持，变法开始了……

英气十足的驼羊法官回到和平村，解决了很多历史遗留的纠纷，全村人都对他竖起了大拇指。

此时此刻，金小羊的内心掀起了波澜。看到博学多才的驼羊法官获得了全村人的尊敬，原本无心向学的金小羊似乎找到了目标，开始发愤读书，梦想有一天，自己也能成为像驼羊法官那样的人。

法治名言

立国于大地，不可无法也。

——孙中山

更加令人高兴的是，咩咩老师邀请驼羊法官来做课外法学辅导老师，给他们普及一些法律知识。

一天，驼羊法官讲完相关法律条款后，高兴地说："同学们，我给你们讲一个变法的故事吧，好不好呀？"

"太好了，快讲吧。"金小羊连忙说道。

"很久以前，有位羊国国王请了一只黑羊来变法。"驼羊法官娓娓道来，"黑羊得到了国王的信任，十分高兴，于是他制定了很多变法的条款，其中有一条是要鼓励村民多干活，这样就能多领奖金。可是没有人相信这些鬼话，黑羊的热情一下子落到了谷底。

法治名言

不以规矩，不成方圆。

——孟子

“怎样让村民相信这些法律条款是真的呢？黑羊想得脑袋都快炸开了。

“有一天，黑羊在城墙上看见一些村民专门帮人抬木头进城，心中马上想到一个妙计。

“第二天，黑羊在都城的南门竖起一根长棍，吆喝说，只要有人把这根长棍抬到都城的北门去，就赏他 10 两黄金，谁想赚这个钱？”

“抬一根木头就能得到这么多钱，人们还不抢着抬？”金小羊猜测道。

“哈哈，正好相反，金小羊同学，当时的村民好像不缺钱一样，对于黑羊的吆喝不理不睬。”

“黑羊十分生气，就把自己的钱统统拿了出来，加到 50 两黄金。

“真是重赏之下，必有勇夫。当时，有一个小混混正好欠了一屁股债，看到 50 两黄金摆在桌上，口水都流出来了。他跑过去扛起长棍，从南门快速地跑到北门去了。

“等小混混回来后，黑羊十分高兴，立即把 50

法治名言

国无常强，无常弱。奉法者强则国强，奉法者弱则国弱。

——韩非子

两黄金奖赏给他。这个头条新闻一下就传遍了全国。从此，人们都相信黑羊变法的真实性和权威性了。”

“哈哈，真有意思。”驼羊法官风趣幽默的讲解方式，获得学生们热烈的掌声。

“这个故事想告诉我们什么呢？”金小羊越来越爱思考问题。

“问得好！它告诉我们不以规矩，不成方圆。用现在的话说，只有确立

法治名言

法不阿贵，绳不绕曲。

——韩非子

规则，加强法制建设，依法治国才能更好地维护和保障大家的根本利益，这也是实现自由平等、公平正义的制度保证。

“但是依法治国的过程是十分复杂的，很多地方的人们根本不相信这些法，也不承认这些法，平时为人处事，还是处于无组织无纪律的状态。

“黑羊变法的结论，就是要严格执行‘有法可依，有法必依，执法必严，违法必究’。否则，再好的法律，只能是一堆废纸。”驼羊法官总结道。

听了驼羊法官讲的故事，金小羊很受震动，心想在自己家里面，父亲金大羊“一言堂”的色彩就十分严重。虽然废除了“三大羊规”，但家里不论大小事务还是父亲金大羊说了算。羊家需要变法来改变现状！

金小羊立马在课后向驼羊法官请教，写出了几条羊家变法方案：

第1条：一切重大事情必须由全家讨论，全家决策；

法治名言

法者，天下之仪也。

——管子

第2条：少数服从多数，凡是全家的决策，任何个人无权改变；

第3条：家庭成员之间要多交流沟通；

…………

变法方案写好之后，金小羊开始走群众路线，争取同盟者。

“妈妈，我现在有个变法方案，需要在咱家实施。你想想，父亲当上村长后这么忙，根本不了解家里的情况，但是所有决定还是由他来做，这样迟早会出问题。”金小羊试图说服妈妈，“你看我已经写好变法方案了。”

金小羊的妈妈拿过羊家变法方案：“哎，不错。这都

律者，所以定分止争也。

——管子

法治名言

跟谁学的呀?”

“还有谁呀，这都是驼羊法官启发的结果。” 金小羊一脸得意。

在争取到妈妈的支持后，金小羊又马不停蹄地跑到妹妹跟前游说：“好妹妹呀，哥哥跟你商量一个事，你想不想吃更多更好的棒棒糖呀?”

“当然想了!”金美羊眼睛一亮。

“那好说，只要你待会儿听我的话。”金小羊凑到金美羊耳边悄悄说了起来。

晚上，金大羊刚进家门，金小羊就主动找爸爸聊天。

“爸爸，现在我们要做一件事情，让你既省心又放心，你同不同意?”金小羊说道。

“哪里有这么好的事情呀?”金大羊表示怀疑。

“这是我写的羊家变法方案。” 金小羊说完就把羊家变法方案递上去。

金大羊认真看了一下，向金小羊伸出了大拇指：“写得很好，这想必是你们的课外法学辅导老

法治名言

法令者，所以抑暴扶弱，欲其难犯而易避也。

——班固

师驼羊法官的杰作吧？”

“不全是。这是我请教驼羊法官后，根据家里的情况写的。”金小羊高兴地咧起嘴巴。

金大羊看着日渐成长的金小羊，还有这个切实可行的羊家变法方案，心想：我过去在家里太专断了，处理事情从来不跟家人商量，认为家长的权威不容侵犯。很多时候，事情做不到位，还伤了孩子们的心。在村里也一样，以前村民还亲切地叫我金大哥，现在统统叫金村长了。权力再大，也不能超越法律，我不能再像以前那样专断了。

“爸爸，你同意吗？”金小羊打断了爸爸的思考。

“当然同意了。”金大羊很肯定地说。

羊家变法之后，议事规则获得了革

七嘴八舌

水小牛：法治就是要制定更加严厉的法律。

火小鸡：要法治就不能人治。

金小羊：无论是在学校、家里，都要实行法治。

你是怎么理解法治的呢？

法治名言

法律，在它支配着地球上所有人民的场合，就是人类的理性。

——孟德斯鸠

新，爸爸的工作更加轻松了，不像以前那样又顾村务又想家务，现在村务和家务都能依法治理了。

咩咩课堂

法治是治国理政的基本方式，依法治国是社会主义民主政治的基本要求。它通过法制建设来维护和保障公民的根本利益，是实现自由平等、公平正义的制度保证，是中国特色社会主义理论在法治建设上的体现。社会主义法治，包括依法治国、执法为民、公平正义、服务大局、党的领导五个方面，它们相辅相成，体现了党的领导、人民当家作主和依法治国的有机统一。中国特色社会主义法律体系要求做到有法可依，有法必依，执法必严，违法必究。法治不是要实施严法酷吏，并不是要制定更加严厉的法律，也不是要简单地理解为消灭人治，以人为本，是社会主义科学发展观的核心，在法律规定内进行人治，发挥人的聪明才智，是相当必要的。

思考探究

一、写一写

有很多名人名言，都说明了法治的重要性。除了书中的这些，请你再写出几句感受最深的。

例如：宪法，就是一张写着人民权利的纸。——列宁

法治名言

法律就是秩序，有好的法律才有好的秩序。

——亚里士多德

二、选一选

下面哪些选项，体现了法治社会的特征？（　　）

A. 全国人民代表大会是国家最高权力机关

B. 有法可依、有法必依

C. 民告官有法可循

D. 律师要通过司法考试以后才能取得法律职业资格证书

E. 在情、理、法的冲突中以情为主

三、动动脑

你知道哪些法律法规呢？哪些跟未成年人密不可分呢？

四、小探究

法治和人治的最大区别在哪里？请把你的所思所想写下来。

法治名言

执行法比制定法更重要。

——杰弗逊

第九集　不速之客

故事看台

看到和平村不断繁荣起来，被赶出和平村的狼族对和平村非常羡慕嫉妒恨。听说羊小肚上次因打架受到处罚后心里还是不大舒服，狼族便派刀疤狼化装成羊偷偷溜进和平村，找到羊小肚，挑拨离间，准备串通起来颠覆和平村。

“嗷呜——嗷呜——”未见狼族，先闻狼声。

随着阵阵狼嚎，不知从哪里飞来的乌云，像成群结队的乌鸦一样把百兽山围得阴云密布，闪电像火蛇一样穿梭其间，蛇芒闪耀。

“看吧，刀疤狼，山下的和平村又发展了，真是羡慕嫉妒恨呀。”狼首领伸伸脖子，指向在雷声中战栗的和平村。

爱国名言

我们爱我们的民族，这是我们自信心的泉源。

——周恩来

“我们要重新占领这个村子！”刀疤狼显得信心满满。

“强攻是不行的，上次我们狼族就吃了大亏。他们相互团结，一致对狼，我们占领村子不久就被赶了出来。这回得用点头脑，离间他们，我们要在和平村的内部装上一颗锋利的狼牙。”狼首领带狼打仗很多，也学了不少计谋。

“这个事包在我刀疤狼身上吧。”刀疤狼立下了军令状。

刀疤狼怀揣阴谋，化装成一只小灰羊来到了和平村。这时，小混混羊小肚喝得醉醺醺地迎面而来。一下子，刀疤狼就计上心头。

进村后，刀疤狼就听说羊小肚上次青草纠纷受罚后，常去喝闷酒。这不，他又像醉猫一样在路上

我是中国人民的儿子，我深情地爱着我的祖国和人民。

——邓小平

爱国名言

跌跌撞撞。

“哎呀，羊表哥，你还记得我吧，我是你的远房亲戚，刀疤羊表弟呀。”刀疤狼快步上前，把羊小肚扶住。

“表弟？可……可你这个模……模样……”羊小肚用力睁开醉眼看了看刀疤狼，见他头上扎着头巾，脸上露出伤疤，身子用布裹着，十分古怪。

“哎呀，表哥，你真是贵人多忘事呀。我原本长得像你一样英俊潇洒，现在这模样都是水大牛的杰作。我和你是同病相怜呀，羊表哥！”说着，刀疤狼杜撰了与水大牛不共戴天的仇恨。

刀疤狼不愧为阴谋专家，原本漏洞百出的故事，被他一说，好像真有这么一回事。接下来，就要从精神上瓦解羊小肚，把他磨成狼的爪牙。

当晚，刀疤狼凭借着三寸不烂之舌，炮轰和平村的毛病就像马蜂窝一样，越捅越多，说和平村都在排斥羊小肚，大好人却被安排守城门。最后，羊小肚竟糊里糊涂地认可了这个“远房亲戚”的全部观点。

爱国名言

锦绣河山收拾好，万民尽作主人翁。

——朱德

"你说吧，我们怎么干？"就一个晚上，羊小肚便对刀疤狼掏心掏肺了。

"好样的，这才是我的羊表哥。明天你负责出去收集情报，我负责给大部队通风报信。晚上攻城时，我们里应外合占领和平村，你就是和平村的村长了，想要什么就有什么。"刀疤狼画了一个大饼给羊小肚。

羊小肚对村长充满幻想，第二天就积极去收集情报了。羊小肚潜伏到村委会、校门口、村民广场、南郊牧场等地，查清了所有岗哨地点和警卫人数，还在一张地图上画来画去。

这天，咩咩老师正在思想品德课上讲"爱国"，希望同学们保护好

爱国名言

祖国如有难，汝应作前锋。

——陈毅

家庭、学校、和平村，要打心底里热爱它。金小羊心想，自己有一个温暖的家庭、自由的学校，还有一个和平的村子，一定得珍惜、守护它们。

放学回家的路上，金小羊和小伙伴们发现羊小肚爬到树上东张西望，觉得奇怪，就上前问了一句："羊小肚叔叔，你在做什么呀？"

"哦，没做什么，我在树上乘凉呢。"羊小肚从树上滑下来，

爱国名言

人民不仅有权爱国，而且爱国是个义务，是一种光荣。

——徐特立

慌慌张张地跑了。

金小羊觉得羊小肚很反常，要是在平日，他肯定蜷缩在树下睡大觉，哪里会像今天这样费什么劲爬到树上啊。

小伙伴们都各自回家了，金小羊却悄悄跟着羊小肚到了他的屋外，只听见房屋里传出一阵对话。

“今天怎么样，羊表哥?”

“都搞清楚了，羊表弟，我全画在地图上了。”

“太好了，来几杯庆祝一下。嗷呜——” 刀疤狼得意忘形，居然发出一声狼嚎。

这一声狼叫跟上次金小羊在南郊牧场听到的一模一样。金小羊浑身起了鸡皮疙瘩，连夜把这些情况告诉了有丰富经验的羊胡子爷爷和爸爸。

羊胡子爷爷和金大羊一听，马上就戳穿了狼族的阴谋：“在和平中，看不见的危险才是最可怕的。狼族又在蠢蠢欲动了，和平村第二次灾难就要烧到眉毛上了。金小羊，你今天立了大功了，我们现在就去挽救和平村。”

秋天的后半夜，月华如水，和平村正沉睡在静

爱国名言

祖国更重于生命，是我们的母亲，我们的土地。

——聂鲁达

谧的薄雾中。

拯救和平村的事情十万火急，羊胡子爷爷和村长金大羊商量决定，连夜抓捕羊小肚和他的“羊表弟”。

此时，狼首领却不知道事情已经败露，仍然带着大队人马从百兽山上冲下来。金大羊将计就计，制定出了一个关门打狼的战术。等狼进村后，村民从四面出击，就像秋风扫落叶一样，把狼军消灭了。

“咚咚锵！咚咚锵！”一面旗子在学校操场上升起来，旗子上面以羊族、马族、牛族、鸡族、狗族五族的脚印围成一个圆圈，成为“百掌旗”。在升旗仪式后就是颁奖仪式，金小羊获得村委会颁发的“和平小卫士”奖章。而羊小肚因危害和平村安全罪，受到了应有的惩罚。

七嘴八舌

喵咪咪：爱国就是爱家。

金美羊：爱国就是每周升国旗、唱国歌。

金小羊：爱国，就是以祖国为骄傲。

关于爱国，你是怎么想的呢？

爱国名言

国耻未雪，何由成名？

——李白

咩咩课堂

爱国是基于个人对自己祖国依赖关系的深厚情感，也是调节个人与祖国关系的行为准则。它同社会主义紧密结合在一起，要求人们以振兴中华为己任，促进民族团结、维护祖国统一、自觉报效祖国。当代学生、有志少年要对自己有“理想远大、热爱祖国，脚踏实地、积极进取”的要求，不断提高自身素质，努力把自己培养“成为理想远大、热爱祖国的人；成为追求真理、勇于创新的人；成为德才兼备、全面发展的人；成为视野开阔、胸怀宽广的人；成为知行统一、脚踏实地的人”。爱国不能简单理解为爱家这么狭隘，还要扩展到爱中华民族、爱社会主义；升国旗、唱国歌是爱国的形式，学生还要在思想上养成对祖国的深厚情感。

思考探究

一、谈一谈

在和平时期，爱国有很多种表现，请你谈一谈小学生如何爱国。

爱国名言

常思奋不顾身，而殉国家之急。

——司马迁

二、选一选

结合历史知识思考，以下哪些人物属于爱国人士？哪些人物属于民族英雄？哪些人物两者都是？

郑成功、戚继光、陆　游、文天祥、岳　飞、邓世昌、张自忠、林则徐、史可法、江　姐、董存瑞、黄继光、邱少云、杨靖宇、刘胡兰、方志敏、赵一曼、夏明翰

爱国人士　　　　民族英雄

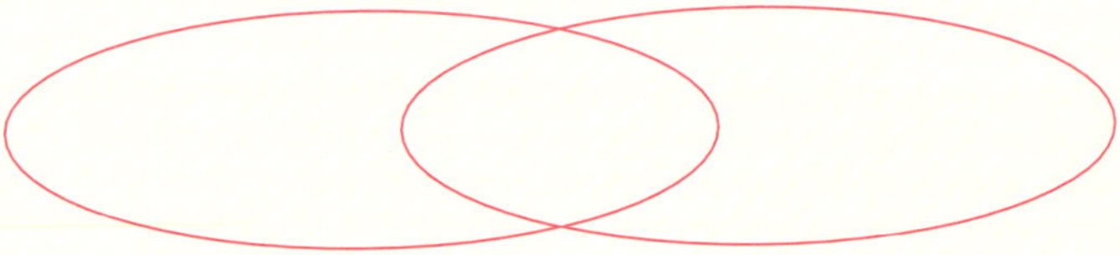

三、议一议

爱国和爱世界有什么相同和不同之处？

四、小探究

请你找出竖版中国地图和横版中国地图，看看两者有什么不同，把它们的主要不同点写下来。并说一说，发行竖版中国地图有什么意义。

爱国名言

位卑未敢忘忧国。

——陆游

第十集 百兽勋章

故事看台

这天，和平村热闹非凡，一年一度的表彰大会就要开始了，金大羊、咩咩老师、金小羊、火小鸡、喵咪咪等在自己的岗位上勤勤恳恳，成绩显著，获得了劳动贡献方面的最高奖——百兽勋章。

在和平村，有一个至高无上的荣誉——百兽勋章。它是用天上掉下来的陨石打磨而成的，正面画着和平村地图，背面是五彩花环，是奖励在本职工作方面做出突出贡献的人的最高奖项，不论男女老幼都有资格参选。

百兽勋章的评选流程十分特别。工作人员先在

敬业名言

鞠躬尽瘁，死而后已。

——诸葛亮

和平广场里为候选人画出一个正方形的格子，接着由村民们抱着花盆过来集体投票，想投谁就把花盆抱到谁的格子里，谁获得的花盆最多，谁就获得百兽勋章。

元旦这一天，和平村广场上张灯结彩，一年一度的百兽勋章颁奖活动开始了。

投票的队伍十分壮观，其中学生组的金小羊抱着水仙花、木小马抱着梅花、水小牛抱着菊花、火小鸡抱着君子兰、土小狗抱着迎春花、喵咪咪抱着仙人掌前来参加投票。

“你要选谁呀？”土小狗问金小羊。

敬业名言

春蚕到死丝方尽，蜡炬成灰泪始干。

——李商隐

“我要选咩咩老师，我认为她是最敬业的老师，每天都鼓励我努力学习，从来没有放弃过。” 金小羊说，“那你要选谁？你现在开始应该自己慎重考虑后做出选择。” 金小羊劝说土小狗要重视投票。

土小狗想来想去，最后抱着花盆奔火小鸡的格子去了。

太阳升上头顶的时候，学生组、老师组和机构组的投票顺利完成。经过现场清点，学生组的金小羊爱国有功获得10盆花、火小鸡学习优秀获得10盆花、喵咪咪捕鼠有功获得10盆花，三人并列获奖。

老师组的咩咩老师诲人不倦获得30盆花，她激动得说不出话来，眼眶里闪着晶莹的泪花。

机构组的金大羊因一心为民获得了50盆花，金大羊看着花盆上蜂飞蝶舞，心里也乐开了花。

投票结果出来后，人们又邀请德高望重的羊胡子爷爷给他们颁奖。“金小羊，你小小年纪，却心怀和平村，最近一年的表现越来越好，爷爷真替你高兴啊！” 羊胡子爷爷在给金小羊颁奖的时候，语

敬业名言

良农不为水旱不耕，良贾不为折阅不市，士君子不为贫穷怠乎道。

——荀子

重心长地说。

“谢谢爷爷！”金小羊拿着百兽勋章仔细端详起来，脸上洋溢着喜悦的笑容。

颁奖的最后，金大羊发表了获奖感言：“今天获得的这个百兽勋章，不是我个人的，是我代表和

敬业名言

认真做事只能把事情做好，用心做事才能把事情做对，要成就一件大事业，必须从小事做起。——列宁

平村领的。除了我之外，还有一大批默默无闻、爱岗敬业的普通劳动者。正是大家的共同努力，才成就了和平村的辉煌。我要把百兽勋章高高悬挂在村委会大楼上，以激励所有村民。今后，不论我是否连任村长，我都要把敬业这种精神传承下去。”金大羊讲完，全场爆发出经久不息的掌声。

接下来的日子里，金小羊的求知欲猛增，他像是饥饿的羊伏在青草地上一样，仔细地咀嚼、反复地琢磨书本知识，还努力学习课外知识。遇到不懂的，他就向咩咩老师、班长火小鸡、爸爸金大羊请教。

金大羊发现了金小羊 180 度的转变，心里别提有多高兴。很快，期末模拟考试开始了。金小羊的钢笔，就像是马良的神笔一样，异常神奇。他握着笔，低着头，左写写，右填填，上钩钩，下画画，一下子就写完了试卷。等他抬起头来时，脸上露出一种让荒山变良田、枯藤长枝叶的满足

少说些漂亮话，多做些日常平凡的事情。

——列宁

敬业名言

感和成就感。

成绩单公布了，金小羊的成绩突飞猛进，像坐火箭一样，一下子提升了 12 名。

“哎呀，可以呀。真是三日不见，应该刮目相看了。你成了学习大黑马了。” 火小鸡对金小羊进步的祝贺中掺着一点小小的嫉妒。

“谢谢班长，这里面也有你的功劳呢，希望你今后再多多指点。” 金小羊谦虚地说。火小鸡嘻嘻笑着

敬业名言

使事业成为喜悦，使喜悦成为事业。

——罗素

走开了。

金小羊的大进步，也让咩咩老师喜出望外，她在第一时间就打电话给金大羊报喜了。

七嘴八舌

土小狗：敬业是上班族的事。

木小马：敬业就是不要讨厌做作业。

金小羊：作为学生，敬业就是对自己的学习负责。

你赞同他们的观点吗？

咩咩课堂

敬业是对公民职业行为准则的价值评价，要求公民忠于职守，克己奉公，服务人民，服务社会，充分体现了社会主义职业精神。敬业就是专心致志以事其业，认真负责做好本职工作，以虔诚的态度对待自己的职业，对事业有执着的追求、坚定的信念和崇高的理想，尤其是要有责任心和使命感。敬业精神不仅是指专心致志，踏实肯干，任劳任怨，精益求精，做好自己应该做的事情，而且也意味着要恪守职业道德，树立崇高的职业理想，努力追求事业上的卓越成就和良好声誉，竭尽所能地服务于社会和他人，努力提升自我价值。学生的敬业精神，并不能简单理解为多做作业，在学习过程中，应培养对学习的热爱、对人民的责任心和建设祖国的使命感。敬业不能简单表述为对学习负责，还应该在力所能及的范围内，为他人负责，为人民负责。

敬业名言

人在履行职责中得到幸福。

——罗佐夫

思考探究

一、写一写

把你知道的爱岗敬业的人物写下来，并简要说明他们的主要贡献。

例如：雷锋——全心全意为人民服务的好同志。

二、想一想

歌曲《长大后我就成了你》是歌颂爱岗敬业的老师的。长大后，你想不想成为一位爱岗敬业的劳动者？请说明你的观点和理由。

敬业名言

发明是百分之一的聪明加百分之九十九的勤奋。

——爱迪生

三、讲一讲，画一画

请你给同学们讲一个爱岗敬业的故事。讲故事时，要选取一个特定人物（例如：爸爸、妈妈、老师、叔叔、阿姨等）；要讲明故事的五要素：什么时间，什么地方，什么人，做了什么事，为什么要这样做。讲完后，再做成手抄报。

敬业名言

一个人若是没有热情，他将一事无成，而热情的基点正是责任心。

——托尔斯泰

第十一集　金大羊的礼物

故事看台

金小羊的成绩大幅提升，各种表现也很突出，这让全家人很是高兴，也让土小狗很羡慕。这天，土小狗急匆匆找到金小羊，声称狼族的密探又来了……

金小羊做梦也没有想到，努力做个勤学上进的好学生所带来的附加值，比铅笔削出来的屑末还要多。

“金小羊，我好羡慕你呀！你的成绩是怎样升上去的呀？”这天放学后，土小狗逮住机会问金小羊。

“因为我发现了学习的乐趣，成绩自然就上去了。” 金小羊轻描淡写地说了一些方法。

“听说你爸爸答应你，只要你的成绩上去了，

诚信名言

诚信为人之本。

——鲁迅

就送给你一个羊博士掌上电脑。对吗?”土小狗问了一句。

“是呀，他确实答应过。”金小羊点点头。

“你爸爸不会骗你吧。哎，我的成绩老是上不去。花这么多时间看书，才考一点点分数，觉得读书就是做亏本的买卖。”土小狗有些失落。

“不管父母是否信守承诺，学习终归是自己的事，我们不能老是想着父母的奖励才学习呀。你只要努力，成绩就肯定会好转的。”金小羊说完就撒

诚信名言

对人以诚信，人不欺我；对事以诚信，事无不成。

——冯玉祥

开腿，跑掉了。

“哎，我还没有说出羊狗合作的办法呢，你就跑了……”土小狗想呀想，深一脚浅一脚地走回了家。

当天晚上，土小狗不停地想着促成羊狗合作的新办法，最后自言自语地说：“对了，先骗出金小羊，再谈点交易。”

第二天，土小狗跑到金小羊家，东闻闻西嗅嗅。“金小羊，不得了了，你还不知道吧，狼族的密探又来了！我特意来向你报告的。”土小狗语调

诚信名言

人而无信，不知其可也。

——孔子

急促，一边环顾四周，一边尽量压低音量。

“狼族不是被赶得远远的了吗，怎么可能再派出密探？”金小羊反问。

“哎，百兽山是什么地方呀，山高林密，一条山沟就能养几窝狼，那里怎么会只有一个狼族呀。听说，山上又来了一个更加厉害的狼族，而且他们的密探已经潜伏到南郊牧场来了。你如果相信我的话，就跟我来吧。”土小狗煞有介事地说了一通。

“好吧，我们快出发吧。”金小羊跟着土小狗去了。

一狗，一羊，飞奔在万里无垠的牧场上。

“发现狼族的密探没有了，土小狗？”金小羊边跑边问。

“看到一个狼的脚印，快追呀，哈哈……”土小狗高兴极了，自己的计谋算是成功了一大半了。

土小狗带着金小羊在南郊牧场上疯跑，等大家都跑累了，土小狗才慢慢停下脚步来。

“扑通”一声，土小狗倒在草地上气喘吁吁；金小羊也趴在草地上，四肢朝天。大家都跑不动了。

诚信名言

言必信，行必果。

——子路

“你说什么狼族的密探呀，一个鬼影都没有。”金小羊踢了土小狗一脚。

“是呀，根本没有什么密探。我今天叫你出来，是要跟你谈一谈羊狗合作的大事。”土小狗开始转入正题。

“那也不用跑到这么远的地方来呀，在我家附近就能谈了。”金小羊开始抱怨起来。

“哎，那可不同呀，你家附近人多嘴杂，我把你带到这里来，是为了更好地保护你。”土小狗摆出了一个理由，

诚信名言

志不强者智不达，言不信者行不果。

——墨子

“你看，这里四处无人，我俩的秘密合作，只有天知、地知、我知、你知，这样才不会出乱子。”

“来点痛快的，说吧，羊狗合作怎么个合作法？”金小羊有些不耐烦了。

“很简单，你的学习上去了，我的学习成绩没有长进。所以，我想到一个好办法，对大家都有利。以后每次考试，你都把写好的试卷给我抄，以后选举新班长时，我就会给你投票，而且还负责拉拢更多小伙伴给你投票，让你100%当选。”土小狗把计划全部说出来了。

“不——”金小羊不假思索地大声叫起来，“不能这样合作，抄袭是自欺欺人。我要当选班长，必须凭自己的能力和威信，而不能靠这种拉选票的方法来实现。土小狗，你太让我失望了！”说完，金小羊头也不回地走了。

土小狗没想到竟遭到好朋友金小羊的严词拒绝，一时间不知怎么办，只能待在哪里，一动不动地看着金小羊渐行渐远的背影……

诚信名言

诚信者，天下之结也。

——墨子

回到家后，金小羊对于牛羊合作的事只字不提。这时，爸爸金大羊给金小羊递上了一份礼物，那是金大羊之前答应送给金小羊的羊博士掌上电脑。金小羊接过电脑，似乎并没有爸爸预想的那么兴奋。

“金小羊，看到了吧，上次爸爸答应只要大考你能进步 10 名，爸爸就奖励你一台羊博士掌上电脑。现在，你大考一下子进步了 12 名，而且又讲文明又爱国，思想品德方面也进步了不少，所以爸爸信守承诺，把羊博士电脑买来了。”金大羊很得意，“诚信就是诚实守信，它强调诚实劳动、信守承诺、诚恳待人。看见了吧，现在

七嘴八舌

金美羊：诚信就是不骗人。

金小羊：诚信就是信守承诺，说一不二。

土小狗：大人对小孩可以不讲诚信。

你是怎么理解诚信的呢？

诚信名言

不足于行者，说过；不足于信者，言盛。

——荀子

爸爸全部做到了哟。”

“谢谢你，爸爸，我就知道你不会忘记这个事的。”金小羊十分感谢爸爸。

“那当然了！”金大羊想要拆开包装盒，“你快打开看看吧，里面的学习功能还挺多的。”

“知道了，但我现在要出去一趟……”金小羊拿起羊博士掌上电脑跑出了家门……

咩咩课堂

诚信即诚实守信，是人类社会千百年传承下来的道德传统，也是社会主义道德建设的重点内容，它强调诚实劳动、信守承诺、诚恳待人。在现代社会，诚信品性和诚信行为不仅是个人立身行事的根本，也是社会公共秩序得以维持的基石。缺少诚信的保障，市场经济的资源配置优势就会迅速消失，社会主义核心价值体系构建的基石就难以稳固。个体人的社会交往同样需要遵循诚信这一最基本的规则。一个没有诚信的人会变成言行不一、唯利是图的小人，而小人是很难在社会上立足的。不骗人、信守承诺、说一不二，都是诚信的具体表现，同时还要诚实劳动、诚实经营，这样才能实现美丽人生。

诚信名言

言无常信，行无常贞，惟利所在，无所不倾，若是则可谓小人矣。

——荀子

思考探究

一、涂一涂

诚信是什么颜色的？有人说诚信像红领巾一样是红的，有人说诚信像大海一样是蓝色的，有人说诚信像太阳一样是金黄色的。请你想一想，画一画，涂一涂，在下面的方框中把你心中的诚信画出来。

二、出点子

近年来，食品安全是爆发诚信灾难最多的领域，例如："苏丹红""瘦肉精""毒奶粉""地沟油"等。请你给相关部门出些点子，如何避免这些事情的发生。

诚信名言

失足，你可以马上恢复站立；失信，你也许永难挽回。

——富兰克林

三、投票活动

南京有个公交司机扶起老人反而被敲诈勒索，弄得有苦说不出。老人跌倒，该不该扶？请投上你的一票，在下面对应的长方体上涂上颜色，并在方框里勾选出你投票的理由。

该扶　　**不该扶**

- □ 尊老爱幼的优良传统
- □ 助人为乐的传统美德
- □ 不断完善法律保障
- □ 社会不诚信，可用监控录像取证

- □ 医疗知识不足
- □ 事不关己
- □ 让警察叔叔去管
- □ 社会不诚信，怕惹祸上身

诚信名言

自古驱民在诚信，一言为重百金轻。

——王安石

第十二集　珍贵的宝藏

故事看台

金小羊拿着爸爸兑现承诺奖给的掌上电脑去找土小狗，他把电脑送给了土小狗，他还答应以后会好好帮助他提高学习成绩，他也要靠自己的实力当上班长。事情果真是这样吗？

"住手，小土！"看着被土小狗摧残得体无完肤的小树，金小羊忍不住出声呵斥。虽然他此番前来是为了挽救他们之间濒临"破产"的友情。

"不用你管。"土小狗恨恨地说。金小羊知道他还在闹脾气，便问："小土，我们还是好朋友吧？"

"汪汪，"土小狗一听反而更火大了，"枉我当你是好哥们，那次竞选班长，还私下帮你拉了不少票。

友善名言

友谊是两颗心真诚相待，而不是一颗心对另一颗心的敲打。

——鲁迅

可是你一点都不讲义气，求你办点事都要拿腔作调。”

“下午是我态度不好，向你道歉。好朋友本来就要互相帮助，团结友善嘛。咱们和好吧。”金小羊想先缓和土小狗的情绪。

果然，土小狗阴郁的黑脸马上露出了笑容：“到底还是我的好哥们。到时候我一定非常小心，

友善名言

友情在过去的生活里，就像一盏明灯，照彻了我的灵魂，使我的生存有了一点点光彩。——巴金

不会让咩咩老师发现的。”

金小羊看着土小狗转怒为喜，开始思考接下来怎么说服他。土小狗以为金小羊又在犹豫，便拍着胸脯道：“放心吧。我视力2.0，黑夜里都看得一清二楚。不像火小鸡那近视眼，到了夜里……”

金小羊赶紧说：“小土，火小鸡已经很为这事苦恼了，咱就别再说她了。”

“你还帮她说话？你忘了那次竞选她是怎么奚落你的？我才不同情她呢。为了考个好成绩，结果把眼睛搞坏了。”

“她成绩好，是自己努力的结果。鸡族本来就有夜盲症，我们不该拿人家的缺点来取笑。我们自己也不喜欢小伙伴背后说我们吧。”

“好，咱别为火小鸡伤哥们感情了。还是说说接下来的合作计划吧。”土小狗拍拍金小羊的肩膀，表示出友好的样子。

见土小狗又把话题引回，此时的金小羊已然成竹在胸，他觉得自己的伙伴并非不讲情理。故作迟

友善名言

要做一个在寒天送炭，在痛苦中送安慰的人。

——巴金

疑了一下，金小羊缓缓说道："我回家想了一下，你所说的互助合作，在精神上是可取的，不过方式得改改，咱们现在是2.0版的合作。"

土小狗觉得金小羊在学他爸金大羊打官腔，赶紧止住："2.0版，是升级版？不是贴牌的吧？"

"绝对是高科技版！"金小羊变戏法似的拿出羊博士掌上电脑，"你看，这掌上电脑可以预习、复习，可以背单词、背诗歌，可以记公式、做练习。So easy，以后你妈妈再也不用担心你的学习了。"

"汪汪，传说中的羊博士？"土小狗一把抢了过去，旁若无人地玩了起来。"这是借给我的吗？"

友谊和花香一样，还是淡一点的比较好，越淡的香气越使人依恋，也越能持久。 ——席慕容

友善名言

他忽然抬起头问。

金小羊摇了摇头："No，送给你的。不过事先得约法三章：不能用它玩游戏，不能抄袭作弊，学习上有问题来问我。"土小狗一听哪有不同意的道理："别说三章，三十章都依你。"

于是，伙伴俩郑重拉钩。土小狗赶紧重申自己的承诺："金小羊，等你竞选班长……"

"小土，放心吧，我会用自己的实力证明的。我妈妈喊我回家吃饭了。"

望着金小羊自信满满的背影，土小狗忽然有所触动：原来朋友之间的友善，是宽容，而不是姑息；是互相尊重、互相帮助，而不是互相利用、利益交换；是忠言逆耳，而不是糖衣炮弹……

不久后的新一届班长竞选，金小羊这匹"黑马"以高票当选班长。连咩咩老师都不得不承认，金小羊这一段时间成长很快，他不仅学习认真了，上课不迟到了，还热心帮助同学，能够见义勇为，最厉害的还是他在村里组建了和平互助团——这正

友善名言

万人丛中一握手，使我衣袖三年香。

——龚自珍

是金小羊那天和土小狗谈话后受到启发，从爸爸金大羊那边争取了部分资金成立的公益组织，专门帮和平村里的困难户和后进同学。

“火同学，你愿意参加和平互助团吗?”落选的火小鸡正垂头丧气，忽然听到背后传来金小羊的声音，疑惑地停住了脚步。“来吧，我们需要你。你待人热情、办事效率高，又有管理经验，我想举荐你当团长。”一时间，火小鸡那阴云密布的心里阳光灿烂。

友善名言

益者三友，损者三友。友直，友谅，友多闻，益矣。友便辟，友善柔，友便佞，损矣。——孔子在火小鸡和金小羊的合力谋划下，和平互助团吸纳了很多班级骨干，每天放学后就出动，有的帮助五保户扫地洗被子，有的帮困难家庭种地割草，有的帮助后进学生补课……

忙碌的日子总是过得很快。要不是土小狗提醒，金小羊差点忘了和平村小学“越成长，越快乐”的演讲比赛。当他打开电脑准备演讲稿时，许多东西忽然一股脑地涌入，那天下午的阳光，羊胡子爷爷讲过，村里有宝藏……

“对，就叫《我的寻宝记》。”金小羊迅速在键盘上敲了起来：“这世间的宝藏，多得数不清，珍珠、翡翠、黄金、宝石……让人眼花缭乱，让人迷失。现在，跟大家分享我的寻宝故事，以及我用心找到的12件宝贝，它们并不是我的专有，但12件宝贝就像一片片花瓣，充实和点缀着我的生活，让我认识到自己的价值，从而努力向上……”

在开讲前，金小羊把讲稿放到了自己的“微朋友圈”，居然意外地收获了很多个“赞”。还有一些

友善名言

欺骗的友谊是痛苦的创伤，虚伪的同情是锐利的毒箭。

——列宁

友善的评论，让他读来眼热心暖。

金大羊：儿子，真棒！请原谅爸爸过去的粗暴。

咩咩老师：小金，对不起！我原本想过放弃你，但你的成长，让我惭愧，更让我欣喜。

火小鸡：加油，金小羊！让我们一起努力。

土小狗：好哥们，谢谢你把宝贝同我分享。

…………

众人期待的演讲终于开始了，在一片掌声中，金小羊走上讲台，此时的他自信从容，一缕阳光正打在他的脸上……

七嘴八舌

水小牛：友善就是要以慈悲为怀，对谁都友好善良。

木小马：顾名思义，友善就是对朋友善良。

金美羊：我哥哥金小羊才是真正的友善。

你觉得他们说得对吗？

咩咩课堂

友善强调公民之间应互相尊重、互相关心、互相帮助，和睦友好，努力形成社会主义的新型人际关系。友善的本义是指像朋友一样善良。友善既是高尚的个人美德，也是

友善名言

人如果没有良心，哪怕有天大的聪明也活不下去！

——高尔基

重要的公民道德规范，在维系社会成员之间的和谐关系中起着不可或缺的作用。在现实中，人际关系紧张，各种社会矛盾凸显，所以培育和践行社会主义友善价值观，无疑能为缓解社会矛盾、维护社会良序、促进社会和谐提供坚实的价值基础。友善不仅要对朋友善良、对他人友好，还要互相尊重、互相关心、互相帮助。

思考探究

一、大搜索

通过观察、回忆和搜索，把学校、小区中人们互相尊重、互相关心、互相帮助的“友善故事”写下来。

例如：班上的学习委员无私帮助同桌学习功课，小区里的阿姨免费给小朋友送牛奶等等。

二、小反思

为什么有些同学平时是乖孩子，后来却做出了一些坏事(例如：毁坏公物、殴打同学、辱骂老师、小偷小摸等)？请你说出其中的原因，并给他们提出解决办法。

友善名言

仁人无敌于天下。

——孟子

三、小配对

下面哪些行为是友善的？哪些行为不是友善的？请你给它们配对，把序号填到相应的圈里。

①尊重同学的饮食偏好 ②放狗咬客人 ③天天闹着父母要生日礼物 ④尊重同学们集体投票的结果 ⑤讥笑成绩差的同学 ⑥多干家务活以减轻家人的负担 ⑦考试时作弊或找人替考 ⑧围观外国小朋友 ⑨礼貌待人 ⑩不给外地人指路或故意指错

友善　　不友善

四、大友善

“穷则独善其身，达则兼济天下”，友善也是有不同的境界的。请你说一说自己对这句话的理解，你以后打算怎样做？

友善名言

谁若想在困厄时得到援助，就应在平日待人以宽。

——萨迪

知识擂台

同学们，读完《社会主义核心价值观校园读本（小学彩绘本）·阳光路上的金小羊》，你对社会主义核心价值观一定有了更深刻的理解和掌握吧？你想和同学比一比，看谁理解、掌握的水平略胜一筹吗？赶紧登上“知识擂台”，看谁答得又对又快吧！

一、抢答题

1. 带领中国摘掉“中国贫油”帽子的地质学家是谁？（　　）

2. 全国人大上的第一张反对票是谁投的？（　　）

3. “礼貌待客要热心、照顾顾客要细心、帮助乘客要诚心、热情服务要恒心”，这是北京 21 路公交售票员谁为自己定的服务原则？（　　）

4. 被称为“一号接线员”的信访局长是谁？（　　）

5. 我国对宗教实行的是什么政策？（　　）

6. 新中国农村争取男女同工同酬权益的第一人是谁？（　　）

7. 谁提出了“不唯上、不唯书、只唯实”的著名论断？（　　）

8. “新中国反腐败第一案”中的大贪污犯是谁和谁？（　　）

9. 1950 年 2 月，谁毅然放弃在美国的“阔教授”待遇，冲破阻挠回到祖国的怀抱？（　　）

10. 1962 年 12 月，谁被调到兰考县任县委书记，并由于积劳成疾被肝癌夺去了生命？（　　）

11. 为了把货如期送到客户手里而多花了 6000 元运费的商人是谁？（　　）

12. 被誉为“晚上 7 点钟的太阳”的是谁？（　　）

二、选择题

1. ______是社会主义中国的精神旗帜。这种精神是一种理想、一种信仰，也是一种凝聚力和向心力。（　　）

A. 社会主义平等观　　B. 社会主义核心价值观

C. 社会主义革命观　　D. 社会主义民主观

2. ______反映了“中国梦”的实现道路：中国特色社会主义。（　　）

A. 倡导“富强、民主、文明、和谐”

B. 倡导“自由、平等、公正、法治”

C. 倡导“爱国、敬业、诚信、友善”

D. 倡导“富强、和谐、自由、敬业”

3. ______，体现了社会主义核心价值观在价值导向上的定位，是立足社会层面提出的要求。（　　）

A. “富强、民主、文明、和谐”

B. “自由、平等、公正、法治”

C. “爱国、敬业、诚信、友善”

D. “富强、和谐、自由、敬业”

4. “爱国、敬业、诚信、友善”反映了“中国梦”的实现主体是（　　）

A. 中国特色社会主义　　B. 社会主义性质

C. 公民的德性和品格　　D. 人民群众

5. ______，是人类摆脱愚昧、走向文明的重要标志，反映了人类秩序从自发转向自觉、社会治理从顺应自然转向人为构建。（　　）

A. 民主法治　　B. 钻木取火

C. 禅让制　　D. 君权神授

6. ______老人曾说：“美的真谛应该是和谐。这种和谐体现在人身上，

就造就了人的美；表现在物上，就造就了物的美；融汇在环境中，就造就了环境的美。”（　）

A. 叶圣陶　B. 丁玲　C. 沈从文　D. 冰心

7. 在中国历史上，儒家崇尚的是以“仁、义、礼、智、______”为主要内容的核心价值观，跨越几千年，成为长期维系中国社会的精神纽带。（　）

A. 信　B. 非攻　C. 乐　D. 兼爱

8. ______有句名言：“如果没有正义和正道，人生就再也不会有任何价值。”公平正义，是人类追求美好社会的一个永恒主题，是社会进步的一种价值取向。（　）

A. 伏尔泰　B. 黑格尔　C. 康德　D. 但丁

9. 在西方，柏拉图在______中强调“公平即和谐，正义是个人和国家的‘善德’”。在中国，墨子提出“爱无差等”的伦理思想。（　）

A. 《纷扰世界》　B. 《理想国》

C. 《悲惨世界》　D. 《文明国》

10. ______指出：“爱国主义就是千百年来巩固起来的对自己祖国的一种深厚的感情。”（　）

A. 高尔基　B. 赫鲁晓夫　C. 列宁　D. 斯大林

11. ______说过：“世界上就怕‘认真’二字，共产党就是讲‘认真’。求真务实是一种品格、一种境界、一种风范、一种追求。”

（　）

A. 毛泽东　B. 刘少奇　C. 江泽民　D. 胡锦涛

12. “三杯吐然诺，五岳倒为轻。”这是______《侠客行》中的诗句，形容承诺的分量比大山还重，极言诚信的重要。（　）

A. 李白　B. 杜甫　C. 李贺　D. 孟郊

(请登录南方日报出版社官方网站获取参考答案:http://www.nfdailypress.com)